외로운

아이들

이 책은 「청소년 자해 경험에 대한 현상학적 연구」(한양대학교, 2019)라는
글쓴이의 박사학위논문을 한 권의 책으로 펴내기 위해 고치고 다듬은 것입니다.

자해하는 아이들,
그 다섯 가지 이야기

백선혜 지음

외로운
아이들

푸른나무

감사의 글

바람, 하늘빛, 감자, 냥이, 사과에게 다정함을 담아 특별한 고마움을 전합니다.

*

논문을 지도해주신 이정숙 교수님께 감사를 전합니다.
늘 곁에 있어준 안학규 씨와 리듬, 글을 읽어준 루나, 연미, 은주 언니, 친구들.
글을 고쳐주고 책을 엮어준 푸른나무출판사께도 고개 숙여 감사하다는 말씀을 드립니다.

아이의 손을 놓지 말고
끝까지 함께하자

책을 읽기 전부터, 이 책을 다 읽고 난 뒤에도 그래서 어떻게 하란 말인가 하는 의문이 들 수 있다는 점을 미리 말씀드리고 싶다. 무엇보다 글쓴이의 부족함 때문일 것이다. 또한 자해에 대한 국내 연구가 시작된 지 얼마 되지 않았고 자해라는 녀석이 보통 녀석이 아님도 덧붙이는 이유가 될 것이다.

더 솔직히, 이 글은 '어떻게'에 초점이 맞춰져 있기보다 '무엇 때문에' 그러해야 하는지 말하고 싶어 시작했다는 것을 밝혀야겠다. 그럼에도 불구하고 먼저 자해를 접하게 된 사람으로 몇 가지 대처 방안이자 부탁 말씀을 전하고자 한다.

'자해하는 아이를 만나게 되면'

놀라지 말자.

처음엔 너무 놀라고 그다음은 어떻게 해야 할지 모를 정도로 걱정스러울 것이다. 가볍게 여기고 있지 않으며 얼마나 걱정하고 있는지 전달하고 싶겠지만 크게 놀라고 심각한 반응을 보이는 건, 어렵게 자신의 자해를 드러낸 아이에게 도움이 되지 않는다.

놀랐던 마음에 담겨 있던 것이 무엇이었는지 한 번 생각해보자. 다른 아이와 다름없어야 하는 '정상성'을 가진 우리 아이의 '비정상'을 알게 된 당혹감인가? 멀쩡한 우리에게 왜 이런 일이 같은⋯ 아니면 이제 안 하겠다고 약속해놓고 또 자해한 것에 대한 배신감? 좀 더 심하게 말해보면 '피'가 부른 끔찍함에 대한 반응인 것인가?

이런 말에 거부감이 들었다면, 놀라움보다 마음속에 담겨 있는 아이에 대한 지극한 걱정과 연민을 조심스럽게 드러내는 것으로 우선은 충분하다.

"에고, 얼마나 아팠을까⋯."

"얼마나 힘들었으면⋯."

"말도 못 하고 이러고 있었구나⋯."

이미 자신의 몸에 상처를 내며 아파했을 아이이니 더 나무랄 것도 따져 물을 것도 없다. 상처를 어루만지는 듯한 따뜻한 목소리로 혼자 힘겨워했을 지난밤 아이의 외로움을 이해해주면 좋겠다.

침착해야 한다. 호들갑이 인간적임을 드러내는 정도가 아니다. 보호자와 옆에 있는 친구는 이 아이만큼 괴로운 사람이 아니어야 한다. 그래서 지금 괴롭고 외로운 아이를 품어줄 수 있어야 한다. 고통에 몸부림치다 상처에 푹 잠겨 있는 아이가 기대어 쉴 수 있는 든든한 언덕, 따뜻한 이불 같은 존재, 그것이 아이에게 지금 필요한 것이다. 문제를 해결하고 앞으로의 계획을 세우고 이성적인 판단을 내릴 해결사가 필요한 것이 아니라는 것이다. 지금 이 순간에는.

그리고 마음의 품을 최대한 넓혀 수용하자.

어렵겠지만, 뚝뚝 떨어지는 피를 봐도 꿰매야 할 정도로 벌어진 상처를 보아도, 안 하겠다고 다짐해놓고도, 몰래 자해한 뒤 남겨진 굵은 흔적을 보아도 절망하거나 외면하지 말고 있는 그대로 '수용' 해주면 좋겠다.

아이는 자해가 왜 나쁘냐고 되물을 수도 있다. 내 몸, 내가 그러는데, 다른 사람에게 해를 끼치는 것도 아닌데, 비행을 저지르거나 술·담배를 하는 것도 아닌데 뭐가 나쁘냐고 할 수도 있다. 또는 안 해야 하는 걸 알지만 터질 거 같은 마음에 달리 방법이 없었다고, 이 마음을 위로할 다른 방법을 가르쳐달라고 항변할 수도 있다. 그리고 아무도 믿지 못하고 들키지 않을 거라는 기대로 지난밤에도 몰래 자해를 하고 소매로 가리거나 밴드를 두르고 아무렇지 않은 듯 있을지 모른다.

그렇게 말해도, 눈치채게 되어도 그 과정을 받아들이고 아이의 이야기를 수용하자.

아이는 자기 자신이 싫었던 것이다. 닥친 상황에 적절하게 대처하지 못하는 자신이 작고 초라하게 느껴져 당신들만 나를 싫어하는 게 아니라 나는 내가 더 싫다고 말하고 있는지 모른다.

아니라고 말해도 슬픔에 가득 차 있고, 무기력에 억눌려 있고, 자신을 향한 비난의 목소리만 들려 어쩔 수가 없는 것이다. 어떻게 할 수가 없어서, 달리 방법이 없어 하는 것이 자해이니 그들이 현재 느끼는 한계를 인정하고 수용해주자.

"왜 자꾸 이래?"
"어쩌자고 이러는 거야?"

"뭐가 그렇게 힘들어?"

이런 말을 들으면 아이가 겪는 어려움은 사라져버리고 힘든 일도 없는데 어리석은 행동을 반복한다는 낯선 아이만 남게 된다. 자해는 아이가 몸으로 보내는 메시지이며 신호다. 자해하며 주변에 자신의 힘듦을 호소했지만 받아주지 않는다면 아이는 어떻게 해야 하는가?

"자해해도 좋으니 살아만 있자."
"자해해도 괜찮으니 상처 치료하자."
"자해해도 뭐라고 안 할 테니 말해주면 좋겠다."

우리가 수용해주면 그들에게 숨 쉴 구멍이 생긴다. 그 틈으로 자신의 고통을 돌보게 되고 조금씩 자신의 이야기를 해나갈지 모른다. 나아가 그 힘으로 다른 선택을 할 수 있는 여지를 만들어갈 수 있을 것이다.

끝까지 함께하자.

아이의 손을 끝까지 놓지 말고 옆에 있어주면 좋겠다.

놀란 마음에 걱정의 말을 쏟아내기보다 흔들림 없는 눈빛으로, 든든하게 옆에 있어주었으면 좋겠다. "자꾸 이러면 다시는 안 보겠다", "인연을 끊자", "내가 죽어버리겠다" 협박하거나 몰아붙이지 말고, "니가 죽지 않고 버텨만 준다면 나도 도망가지 않겠다"라는 믿음을 전하며 큰 언덕처럼 곁에 있어주기 바란다.

자해 청소년을 만나며 확인하게 된 것은 그들은 살기 위해 자해를 한다는 것이다. 어떻게든 살아가기 위해 자해라도 하고 있었다. 그렇게 견뎌낸 시간에 대한 '진정한 위로'가 필요한 것이다. 자신의 불안정한 모습을 있는 그대로 수용하고 그간의 노고를 쓰다듬으며 따뜻한 위로를 보낼 때, 아이는 자신의 옆자리를 허락하고 우리의 도움을 받아들이고자 마음을 열 것이다.

"왜 그래? 하지 마!"

얼마나 많이 들었을 말인가? 또 자신에게는 얼마나 많이 했을까? 이 말에는 많은 이야기와 지난 시간에 대한 역사가 담겨 있다. 반복되는 자기 조절의 실패와 수용할 수 없는 결과들, 그에 대한 평가와 비난에 지쳐 혐오의 감정까지. 그리고 끝내 수치심이 올라오고 그런 자신과 누구도 함께할 수 없다고 생각하게 될 것이다. 그래서 그렇게 도움의 손길을 밀어내고 관심에 등을 돌리고 있는 것이다.

자해는 특성상 반복될 수밖에 없고, 안타깝게도 완치가 어려운 증상 중 하나다. 괜찮은 듯싶다가도 다시 돌아가고, 안 하다가 더 심하게 하고, 보호자에게는 이것을 견뎌낼 맷집이 필요하다. 니가 아무리 돌아가도, 실패했다고 여겨도, 또 난리를 쳐도 "난 옆에서 견딜 거다." 그런 단단한 맷집!

자해를 조절할 수 있는 것은 궁극적으로 자신밖에 없다. 그런 조절 능력은 외부에서 오는 것이 아니라 자신에게서 나와야 하기 때문에 우리는 버티며 기다려줄 수밖에 없는 것이다. 그러나 자해하는 아이에게는 그럴 힘이 없다. 자신에 대해 보다 엄격한 평가를 하고 나아가 비난의 말들에 익숙하기에 자꾸 주저앉게 된다. 그런 모습을 보며 이제는 정말 어떻게 해줘야 될지 모르겠다 싶을 때는 자신이 강아지나 큰 곰 인형이 되었다고 생각해보자. 뭘 해주겠다는 생각을 잠시 놓고 눈빛으로 '괜찮아, 괜찮아'를 전하거나 모르는 척하고 있지만 외롭지 않게 곁을 지키며 그 시간을 보내보자. 그러다 아이가 어렵게 한 발을 내디디면 맞다고, 의심하지 말라고, 불안해하지 말라고 그 한 걸음을 응원하며 한 발 걸어보자.

*

　자해가 무엇이기에 이 과정을 거쳐야 하는지, 그렇게까지 해야 하는 이유가 무엇인지 궁금하다면 다음 글들을 읽어보기 바란다. 아이의 보호자로 버티는 데 다소 도움이 될지 모르겠다. 자해가 이런 것이구나, 자해할 때 우리 아이는 이런 마음이구나 하는 이해로 말이다. 놀라기보다 든든하게, 아이를 있는 그대로 수용하며, 성장의 과정을 함께 걸어주는 것. 방법보다 앞서는 것이 태도이며 어른으로서 보호자가 역할을 할 때, 아이는 자신의 삶을 살아가는 방법을 찾아 나갈 것이다. 그러면 "잘했다, 애썼다, 괜찮다" 지지해주고 그 힘으로 아이는 또 살아갈 힘을 얻고, 그렇게 자랄 것이다.

차례

감사의 글 ──────────────────────────── 05

프롤로그 아이의 손을 놓지 말고 끝까지 함께하자 ───── 06

1부 자해하는 아이를 만나다
자해의 의미

01 아이들이 몸으로 보낸 신호 ──────────── 19

02 어느새 우리 주변에 와 있는 자해 ──────── 29

03 자해는 나를 상처 입히는 행위 ─────────── 37

04 자해에 대한 오해와 선입견 ───────────── 44

05 '흔들리며 피는 꽃', 아이들이 위험하다 ────── 51

2부 자해하는 아이들의 이야기를 듣다
자해 경험의 현상

01 아이들의 이야기를 듣기 전에 ──────────── 65

　　참여자 소개

02 대상화된 몸 ──────────────────── 81

　　아프지만 아프지 않아요 | 몸에게 화를 냄 | 고삐 풀린 망아지처럼 날뛰다

　　가 축 처짐

03 기댈 데가 없는 나 ──────────────── 100

　　그거 왜 하냐는 시선들 | 더 숨기게 됨 | 혼자서 하는 최선의 방법

04 자해 중독 ———————————————————— 122
　　처음엔 심하지 않았음 | 점점 세게, 점점 많이 | 시도 때도 없이 찾는 자해 |
　　강한 중독성

05 몸으로 확인하는 마음의 상처 ———————————— 141
　　엉켜 있는 마음들 | 외롭고 가엾은 나 | 자해를 멈추게 하는 순간 | 몸에 새
　　긴 바코드

06 나쁜 친구 ———————————————————— 171
　　기댈 데가 필요함 | 자해를 해도 결국 제자리 | 삶과 죽음 사이에 있는 나 |
　　자해는 나쁜 친구

3부 자해, 외로운 아이들의 나쁜 친구
자해 경험의 의미

01 모두 다 꽃이야 ———————————————————— 206
02 함께 맞는 비 ———————————————————— 213
03 너에게 자비를 ———————————————————— 222
04 사는 동안 삶이다 ———————————————————— 230
05 내 안의 퀘렌시아 ———————————————————— 240

에필로그 그들이 진정으로 평화로워지기를 바라며 ———————— 249
참고문헌 ———————————————————— 254

1부

자해하는 아이를 만나다

자해의 의미

아이들이
몸으로 보낸 신호

초등학교 교사로 20여 년. 대부분 5·6학년 담임을 맡아 아이들을 만나며 헤아릴 수 없이 많은 일이 있었다. 기억에 남는 소중한 만남도 있었지만, 돌아보면 후회되는 교사답지 못한 행동들도 떠오른다. 10년쯤 이 일을 하면 어지간히 전문 지식을 갖춘 숙련자로 단련될 줄 알았는데, 여전히 교실에는 사건 사고가 이어지고 그럴 때마다 늘 새로웠다, 낯설 정도로. 만나는 아이는 해마다 달랐고, 지난해와 올해가 같지 않고 나도 교사로서 달라지고 있었으며 세상도 학교도 변화하는 과정에 있으니 당연히 그러했을 것이다. 그래서 아이들과 겪는 일은 마치 처음 접하는 것처럼 어찌해야 할지 모르겠고, 적절한 답을 찾기가 어렵다.

그날도 그렇게 당황스럽게 한 아이에 관한 이야기를 들었다.

아이의 담임교사는 전문적인 연구 논문을 척척 읽어낼 정도로 교육 전반에 관한 지식이 해박했고, "우리 선생님은 화를 안 내~ 그게 불만이야" 할 정도로 허용적이고 안정된 교사다. 그런데 그 반 아이 중 하나가 죽고 싶다며 벽에 머리를 찧고 소리치다 담임이 없을 때는 학교 밖으로 뛰쳐나가 도로로 뛰어들어 가는 충동적인 행동을 했다는 것이다. 담임교사는 동료들에게 사례를 공유하며 도움을 청했고, 아동 심리 치료를 공부하고 있는 사람으로서 아이를 가까이에서 볼 기회가 있었다.

아이는 참 예쁘게 생겼다. 거친 면이라고는 보이지 않는 장난꾸러기 같으면서도 지적인 면도 함께 있는 매력적인 남자아이였다. 저 사랑스러운 아이가 자기 머리를 벽에 그렇게 부딪히다니, 저 호기심 가득해 산만하게 움직이는 몸이 도로 한가운데 들어가다니…. 담임교사는 학교에서 지원할 수 있는 방법을 찾아 아이와 아이의 부모에게 전문가를 만나게 했고, 무엇보다 마치 캥거루처럼 아이를 옆구리에 끼고 다녔다. 담임교사가 없을 때는 같은 반에서 아이가 호감을 가지고 있는 친구에게 부탁해 친구 캥거루같이 함께 있게 했다. 눈에 띄게 좋아지긴 했으나 아이를 보면 늘 아슬아슬한 불안감이 느껴지곤 했다.

그런데 그게 다른 반만의 이야기가 아니었다.

배운 게 상담이라 담임을 맡은 아이들과 개인 상담을 해왔다. 운이 좋으면 서너 번, 안 되면 두 번이라도 반 아이들 모두와 담임과 아이, 둘만의 시간을 가지려고 노력했다.

모래 상자를 가운데 두고 이뤄진 상담. 이번 아이는 나와의 상담을 기다리고 있었다고 했다. 아이는 첫 피규어로 집 모양을 선택해 모래 상자에 가져다 놓았다. 그리고 케이크와 먹을 거, 자신을 상징하는 여자아이 피규어를 골랐다. 자신은 혼자 집에서 거리를 바라보고 있다고 했다. 상자 안의 세상은 쓸쓸해 보였다. 아이는 홀로 가만히 있는 거밖에는 할 수 있는 게 없어 보였고, 케이크와 먹을 것 같은 보살핌은 따뜻한 보호자에게서 주어진 것이 아니라 그냥 툭하고 던져져 있는 것 같았다.

모래 상자 속 세상 이야기를 하다가 아이가 "텔레*, 너무 힘들어요" 하며 주르륵 눈물을 흘렸다. 아이는 마음속에 간절히 원하는 것이 있었지만 당장은 이뤄지기 어렵다는 걸 잘 알고 있었다. 누구보다 다른 사람의 마음을 잘 헤아리며 유독 아픔에 공감할 줄 아는 아이였으니까 참고 기다리려고 노력했다. 그런데 지금 자신이 처한 상황은 견디기가 참 어려웠던 것이다. 누군가에게 말하기도 주저

---

* 우리는 서로 별칭을 부른다. 아이들은 텔레, 대장 또는 선생님이라고 부르고 있다.

되고 힘들게 이야기한다 한들 돌아가면 또 같은 상황 속에 자신은 홀로 남겨져야 한다는 걸 알고 있었다. 아이는 "죽고 싶어요. 죽고 싶어서 까만 비닐봉지를 뒤집어 써보기도 하고… 물속에 머리를 박고… 근데, 죽을 수가 없으니… 자해라도 하고 싶어요"한다. 이 아이의 삶에서 교사인 내가 해줄 수 있는 게 뭐가 있을지, 교육과 상담이 과연 쓸모라는 게 있는 일인지 회의감이 들 지경이었다. 울 때 같이 울고, 얼마나 "널 사랑하는지, 특별하게 여기는지" 이야기할 뿐이었다. 아이는 어머니와 전문가에게 상담을 잠시 받았고, 그것만으로도 행복해했다.

아침을 챙겨주고 돌봐주는 가족이 없어서 아이를 아침마다 깨워 학교에 오도록 하는 게 일이었지만, 학교에 오면 누구보다 여기저기 돌아다니며 친구들 일에 끼어들고, 맛있게 점심을 먹고 그렇게 초등학교를 졸업했다. 그리고 가끔 연락이 온다. 녀석답게 다른 사람 걱정부터 하고 선생을 응원하지만 때로는 힘들다고 "ㅜㅜ"거린다. 녀석을 보면 늘 외로워 보였다. 친구와 있을 때조차.

자해를 만난 건 십수 년 전 일이다. 6학년 때 만난 그 아이가 이제 성인이 되었으니 꽤 일찍 학교 현장에서 접한 셈이다. 학년이 막 시작된 3월 초 어느 날, 경찰이 학교로 찾아왔다. 아이의 담임을 찾았고 교장, 교감 선생님, 위클래스 선생님과 함께 마주 앉았다. 지난

밤에 경찰은 '죽고 싶어요. 도와주세요'라는 문자를 받았고 바로 전화를 했으나 전화기는 아침까지 꺼져 있었다고 한다. 기지국의 도움으로 아침에 아이의 집에 방문해보니 아이는 이미 등교했고, 할아버지와 할머니를 만날 수 있었다고 했다. 조부모님이 너무 놀라시지 않게 이야기를 하고 학교에 도움을 청하는 게 낫겠다 싶어 찾아왔다는 게 경찰의 설명이었다. 처음 알았다. 문자로도 신고할 수 있다는 걸. 이미 어른이 되어버린 우리는 새로운 것을 얼마나 모르고 있는지 알 수 없을 지경이다. 학교는 아이를 위한 긴급 지원을 교육청에 요청했고, 담임으로 아이를 다시 한번 바라보게 되었다.

이제 막 내 아이가 된 그 아이. 내 몸의 반밖에 안 될 것 같은 가냘픈 몸에 하얀 얼굴, 긴 손가락을 가졌고… 그리고 손목에는 갈색의 줄이 그어져 있었다. 아이는 경찰이 다녀갔는지 몰랐고, 나도 묻지 않았다. 그저 손목을 바라봤고 아이의 손을 가만히 만졌다. 아이가 쉴 새 없이 눈물을 흘렸고 난 꼭 안다가 아기를 안 듯 무릎 위에 아이를 안아 올렸다. "아팠겠다… 손목도, 너도 많이 아팠겠다…"

그리고 그 아이와 7년을 만났다. 처음에는 교육청에서 지원하는 병원에서 약 처방과 심리 치료를 받았으나 약 먹는 걸 힘들어하고, 상담에서는 개방을 하지 않아 치료사가 더는 상담이 의미가 없다는 연락을 해왔다. 할머니는 담임에게 "선생님, 면목 없지만, 혹 하나 붙었다고 생각해주세요. 저는 선생님만 믿어요." 하며 연신 고개를 숙이셨다. 이 겪은 일 많으신 어르신 앞에서 절을 받으며 어쩔 수 없이 개인 상담을 시작할 수밖에 없었다. 상담에서 내담자와 치료사는 특별한 관계를 이루게 된다. 내담자와 치료자가 만나는 상담실은 약속된 시간에 열렸다 닫히는 공간이고 상담실은 내담자의 일상생활 속으로 연결되어 과거의 일들이 재현되고, 현재의 일들이 서로에게 투사되어 드러나며 미래가 형성되는 판타지한 공간이기도 하다. 그래서 하루하루를 함께 생활하는 담임이 치료사나 상담사의 노릇을 한다는 것은 판타지한 공간도 없고, 많은 어른 중 나만이 가지는 특별한 어른(상담사)을 가질 수도 없다. 이런 걸 이중 관계라고 하고 상담에서는 금지하고 있는 형태다. 그래서 교사가 상담하는 것은 한계점이 있을 수밖에 없다. 되도록 전문 기관에 의뢰하는 편이지만 그때는 그 아이의 손을 놓을 수 없었다.

특별한 그 아이는 졸업을 하고 난 뒤에도, 학교를 옮긴 담임을 찾아 1시간 넘게 버스를 타고 와서 만나고 갔다. 4년 가까이 일주일에 한 번씩 우리는 이야기를 했고 모래 상자를 만들었다. 중학교를 졸업할 즈음에는 자해가 완전히 사라지지 않았으나 특정한 시기를 제외하고 안정적인 모습을 보였다. 아이의 중학교 졸업식에 잠시 들렀을 때 친구들과 함께 앉아 있는 아이는 눈에 띄게 예뻤고 멋있었다. 자해를 멈추게 하지 못한 부족한 선생이지만, "선생님 덕분에 살아서 졸업했어요"라고 말해주는 마음 고운 아이로 커가고 있어서 고마웠다.

그다음 해부터 바빠졌다. 아이들과의 관계는 늘 어렵고 삶의 숙제이지만 그해는 만만치 않은 숙제를 만났다. 허덕였고, 어찌할 바를 몰랐고, 지쳐 있었다. 고등학교에 올라간 아이의 상태가 좋아졌다고 생각했고, 여유도 없어 일주일에 한 번씩 만나던 걸 2주에 한 번, 그러다 한 달에 한 번으로 점차 우리의 상담이 뜸해졌다. 다음 해도 하지 못한 숙제를 하기 위해 같은 아이들과 함께 학년을 올라갔다. 하지만 여전히 교사로서 어른으로서 부족한 엉망진창인 모습으로 허우적대고 있었다.

시간이 흘러 풀기 어려운 숙제 같던 아이들의 본모습이 보이며 함께 엉켜 있던 만큼 애틋해질 무렵, 반년 만에 그 아이를 만났다. 한두 줄, 자세히 봐야 알 수 있었던 자해 자국이 반 뼘 넘게 울퉁불퉁 붉은 자국으로 아이의 손목에 남아 있었다. 고등학교 들어와서 조금씩 늘어나 2학년이 되면서는 시도 때도 없이 자해하게 되었다고 했다. 그렇게 힘들었으면서 아이는 연락을 하지 않았던 것이다. 늘 그렇듯 자신이 힘든 걸 먼저 말하는 녀석이 아니었으니까. 눈물 가득 눈으로 바라보면서 "걱정하실까 봐…", 그리고 한참 있다가 조심스럽게 "선생님이 죄책감 느끼실까 봐…"라고 했다.

이 녀석은 잘 알고 있었다. 반 아이들과 어떤 씨름을 하고 있는지,

그럴 땐 어떤 모습인지, 자신에게 신경 쓸 여유 없이 돌아가는 학교생활에서 피해를 끼치고 싶지 않았던 것이다. 아이는 여러 이유로 옛 담임에게 완전히 의지할 수 없었던 거다. 우리는 자해에 대해서 7년 동안 한 번도 직접적으로 이야기를 나눈 적이 없었다. 아이가 스스로 이야기하기를 기다렸고, 아이는 자신의 자해에 책임감을 느낄 선생을 배려하고 있었다. 그러다 참고 참고 참다가 될 대로 되라는 식으로 손목을 그어댔을… 아이 앞에서 미안해하기도 미안했다.

옆 반에서는 두 아이가 함께 자해한다는 이야기가 들렸다. 두 아이 중 한 아이의 보호자가 먼저 눈치를 채고 학교에 찾아왔다. 작년에 우리 반 학부모였던 분이셨다. 담임을 만나러 오는 길에 스치듯 만난 그분은 침착함을 잃지 않으려고, 두려워하지 않으려 애쓰며 떨리는 목소리로 천천히 두 가지를 중얼거리듯이 물으셨다. 그것은 "왜 그랬을까요?", 그리고 "선생님, 어떻게 하면 좋을까요?"였다. 뭐라고 대답을 할 수 없었다. 20여 년이 넘는 교직 생활 중에서도 손에 꼽힐 정도로 괜찮은 동료 교사가 담임으로 있는 반에서, 지난해 내내 흔들리는 담임을 잡아주고 의지가 되어줄 정도의 교육 철학을 가지고 계신 보호자를 부모님으로 둔 아이가, "왜 그랬을까?" 그리고 7년이 넘게 상담이라며 만났어도 아이의 자해를 멈추지 못하게 한 사람이 "어떻게 하면 좋을지" 대답할 수 있을까?

졸업한 아이가 가끔 찾아와서 고민을 이야기할 때가 있다. 친구가 있는데 자해를 하고 한밤중에 자해한 모습을 찍어서 보낸다며 굉장히 무섭다고 했다. 자해한 사진도 무섭고, 친구가 어떻게 될까 봐도 무섭다고 했다. 그러면서 이럴 땐 어떻게 해야 할지, 어떤 반응을 보여야 하는지, 또 친구를 도울 방법이 무엇인지 물었다. 이 상황에서 뜬금없을지 모르지만, 그래도 이런 친구를 옆에 둔 그 아이는 다행인지 모르겠다. 자신이 아파하는 모습을 봐주기라도 하는 사람이 있으니 말이다.

상담사로 일하는 동료나 중고등학교 교사의 이야기는 더 심각했다. 출근 시간 전에 벌써 손목에 피를 뚝뚝 흘리며 위클래스 앞에 서서 기다리고 있는 아이. 이제는 묵묵히 데리고 들어가 보건교사가 오기 전까지 지혈을 해준다고 했다. 고등학교 담임교사는 학급 아이가 자해한다는 사실을 알게 되었지만 어떻게 다가가야 할지 모르겠다고 했다. 마주 앉아도 이야기를 하지 않고, 관심을 주면 부담스러워하고, 약과 붕대라도 챙겨주려고 하면 달가워하지 않으며 마지못해 받는다는 것이다.

저녁녘이 되면 태양에 가려져 있던 별들이 어둠의 도움으로 하나둘씩 빛을 내며 자신을 드러내듯 아이들도 고통 속에 잠겨 있다 몸에 남겨진 상처로 자신의 아픔을 세상에 알리기 시작했다. 아이들은 소리 내어 크게 말하진 못하지만, 벽 넘어 있는 우리가 들어주기를 바라며 외치고 있는 것이다. 자, 이제 우리는 어떻게 해야 하는가?

내가 기대고 있는
벽,
그 너머에 네가
기대고 있다.

아, 황폐해!
너는 외쳤지.
그 말이 벽에서 벽으로 끝없이 메아리친다.
아, 황폐해! 아, 황폐해!
메아리가 우리의 심장을
후벼판다.

내가 기대고 있는
침묵,
그 너머에 네가 귀 기울이고 있다.

황인숙, 「너는 파랗고」에서

어느새
우리 주변에 와 있는 자해

십수 년 전 처음 우리 반 아이 손목에서 자해 상처를 발견하고, 2018년에는 옆 반, 우리 반, 다른 학교 할 거 없이 자해하는 아이들의 모습이 마치 외침처럼 보이기 시작했다. 자해에 관심을 가지고 돌아보니, 최근 몇 년 사이 자해는 어느새 우리 주변에 가까이 와 있었다.

포털 검색창이나 소셜네트워크서비스에 '자해'를 입력하면 수만 건의 글·사진·동영상이 눈을 의심할 정도로 주르륵 화면을 훑고 지나간다. 화면 속에는 흉터와 핏자국이 여과 없이 드러나 있었다. 관계 기관이 2018년에 2주간 자살유해 정보를 조사하고 클리닝 활동을 벌인 적이 있다. 그해 자살유해 정보는 2017년에 비해 43% 늘었고, 발견된 자살유해 정보 중에는 자해 사진이 84%로 압도적으로 많았다. 그때 유행하던 노래가 「대박자송」이었다. '대가리 박고 자살하자'를 줄여서 '대박자'라고 한다. 노래는 경쾌한 멜로디에 다음과 같은 가사로 이어진다.

있잖아,

나는 개멍청이야.

낮에 갔던 길은 밤에 못 가, 개멍청이야.

우리 집 강아지도 나보다는 길을 잘 찾아.

나는 우리 집도 못 찾아가, 개멍청이야.

나는 길치에다가 몸치,

거기에 음치까지 모아놓은 몸뚱어리야.

특히 대가리는 의미 없어 장식품이야.

이제 내 차례는 끝났으니 사요나라야.

대가리 박고 자살하자.

대가리 박고 자살하자.

대가리 박고 자살하자.

대가리 박고 자살하자.

나무야, 미안해. 나는 똥 만드는 기계일 뿐,

네가 매일 만드는 산소 먹는 기계.

어제오늘 내일 매일 산소만 낭비해.

나무야, 미안해. 난 너의 거름도 안 돼.

엄마,

나는 밥만 먹는 식충.

엄마, 미안해요. 물론 아빠도 미안해.

이 와중에 핸드폰비 때문에 텅장 됐네.

나는 스물두 살, 삼수생에 공익 새끼.

대가리 박고 자살하자.

대가리 박고 자살하자.

대가리 박고 자살하자.

대가리 박고 자살하자.

나는 쓰레기 새끼에 대가린 멍청해. 바보라고 해.

내 대가리 속에는 우동만 잔뜩 있을 게 뻔해.

내가 뒤지든 말든 사람들은 모를 게 뻔해.

어차피 조진 인생인데 먼지가 될게.

우리는 똥 똥 똥 똥보다도 못하네.

똥은 비료라도 되지, 우린 먼지가 되네.

요즘 미세먼지 때문에 고생이 많은데,

우리도 거기에 가세해서 더욱 미안해.

대가리 박고 자살하자.

대가리 박고 자살하자.

대가리 박고 자살하자.

대가리 박고 자살하자.

대가리 대가리 대가리 대가리

대가리 대가리 대가리 대가리

대가리 대가리 대가리 대가리

대가리 대가리 대가리 박고 자살하자.

다행히 이 노래는 한물간 유행이 되었고, 대부분 영상은 성인 인증을 받도록 되어 있어 노출이 제한되었다. 그런데 보기에 불편한 내용의 가사를 모두 옮긴 이유는 우리 아이들이 자신은 똥이고, 머리가 아닌 대가리를 가지고 있는 식충으로 여기며, 이것저것 다 못하고 가진 것도 없는 텅장(텅 빈 통장)으로 자신이 죽든 말든 관심을 가져줄 사람이 없다고, 현실에서 느끼고 있다는 것을 알려야 할 것 같기 때문이다.

끝까지 듣기에도 어려운 이 노래에는 놀라움과 걱정스러운 마음을 담은 댓글과 함께 22살 삼수생이 아니어도 '슬프지만 딱 내 이야기'라는 말도 꽤 많은 공감을 얻고 있었다.

자해를 넘어 자살을 노래하고 있는 상황은 통계에서도 나타난다. 통계청과 여성가족부가 발표한 '2019 청소년 통계'를 살펴보면 청소년의 사망 원인 1위는 고의적 자해(자살)이다. 2007년 이후로 9~24세 청소년의 사망 1위가 자살이다. '고의적 자해(자살)'는 2009년 10.4%로 최고치를 나타내고 점점 감소하다가 2016년에 다시 7.8%로 증가하는 추세로 나타나고 있다.

이런 현상은 학교 현장에도 '자해 놀이', '손목 자해'라는 이름으로 자해가 전염병처럼 번지며 고스란히 반영되고 있다. 그렇다면 실제 얼마나 자해가 일어나고 있는지 수치로 알아볼 필요가 있을 것이다.

우리나라는 일반 중학교 1학년~고등학교 3학년 대상의 연구에서 24%가 자해를 한 적이 있다고 보고되었다(김화정, 2017). 미국은 14~15%(Ross & Heath, 2002), 영국은 10%가량(Hawton 등, 2002), 일본 역시 영국과 비슷한 9.9%(Matsumoto & Imamura, 2008), 중국은 17%(Wan 등, 2011)로 알려졌다. 다른 나라도 우려스러울 만큼 자해 현상을 보이고 있으나 우리나라의 청소년은 그중에서도 매우 높은 비율을 보이고 있다.

이런 세계적인 추세에 따라 DSM-5(American Psychiatric Association, 2013)에서는 자해를 추가 연구가 필요한 상태의 범주에 비자살적 자해(Non-suicidal self-injure: NSSI)라는 하나의 진단명으로 분류했다. 최근까지 자해에 대한 합의된 진단 기준을 제시하지 못하다가 이제 기준을 세워 진단하고 분류한다는 것은 그만큼 자해가 사는 동안 신체와 정신의 건강에 큰 영향을 주고 있다는 것을 의미한다. 연구와 관심이 필요하고 체계적인 관리를 해야 한다.

이제 포털 검색창에 '자해'라는 키워드를 입력하면 상담 전화번호와 기관들이 먼저 나오고, 생명사랑캠페인으로 "당신은 소중한 사람입니다"라는 메시지가 뜬다. 소셜네트워크서비스에서도 유해하다고 생각되는 콘텐츠는 차단하거나 성인 인증으로 바꿔놓았고, '도움을 받을 수 있습니다'라는 문구부터 나온다. 달라진 점들이다. 그러나 조금만 인터넷 세계를 돌아다니며 품을 팔면 여전히 우리 아이들은 전과 같이 다양한 자해 정보와 만날 수 있다.

어른들은 아이들보다 이렇게 세상 흐름에 늦지만, 우리 아이들에게 무슨 일인가가 일어나고 있다는 걸 보호자와 교사들은 아이들의 몸에 남은 흉터 자국으로 알게 되었다. 교사와 보호자는 전문가를 찾았고, 교사를 위한 자해 관련 연수는 전례 없이 당일 접수가 마감되는 일이 생기고 있다. 많은 학회나 연구 단체에서 자해에 관해 연구 발표를 하고 임상 현장에서 긴급한 사례 보고들이 이어지고 있다. 이에 대한 신경정신의학회 및 대한정신건강재단(2018)은 '청소년 자해 확산 방지를 위한 특별 심포지엄'에서 자해 경험이 있는 학생의 60%는 자해를 다시 시도하고 있다고 했다. 그러면서 자해를 '사회적 재난'으로 여기며 시급하게 대책 마련이 필요하다는 제안을 할 정도였다.

우리 아이들에게 무슨 일이 일어나고 있는 것인가?

그렇게 불행했던 것인가?

일본도 우리나라와 함께 15~34세 자살률 1·2위를 하고 있기에 이를 비교해볼 만하다. 일본의 청소년 자해는 10% 정도의 비율을 보이고 있다. 심지어 2012년 일본 내각부에서 조사한 바에 따르면 "진지하게 자살을 고려한 적이 있다"라는 응답이 23.4%나 된다. 그에 비해 일본 청소년들이 낮은 자해 경험을 보이는 것은 다소 뜻밖이다.

보통 연구에서는 자기 보고식 조사 방법이 활용되기 때문에 사회문화적 환경 차이가 있을 수 있다. 그렇다 하더라도 우리나라는 '2013 위기 청소년 포럼'에서 33.2%의 청소년 응답자가 자해 경험이 있다는 보고까지 있으니 일본과 비교해도 높은 자해 경험을 보이고 있는 것은 사실이다.

2019년 한국방정환재단이 연세대사회발전연구소와 함께 초등

4학년~고교 3학년 대상으로 실시한 '한국 아동 청소년 행복지수' 조사 결과 우리나라 청소년의 주관적 행복지수는 OECD 22개국 가운데 최하위권인 20위를 기록했고 2018년에 비해 점수도 6점이나 감소했다. 경험으로 미뤄보았을 때도 우리나라 청소년들은 세계적으로 '솔직하게 불행한 것'이다.

03

자해는
나를 상처 입히는 행위

자해는 고의로 자신의 신체를 손상시키는 행동을 뜻한다. 일반적으로 자해는 자살 의도를 가지고 있지 않다고 여겨 DSM-5에서는 NSSI(비자살적 자해)라고 부른다. NSSI는 1년 안에 5일 또는 그 이상 동안 칼로 긋기, 불로 지지기, 찌르기, 과도하게 문지르기 등으로 스스로 신체 표면에 출혈·상처·고통을 유발하는 것을 말한다. 거기에 덧붙여 자해 행동을 하는 동안 자살의 의도가 없다는 개인의 보고가 있거나 반복적인 자해 행동이 죽음에 이르지 않는다는 것을 알고 있음을 기준으로 제시하고 있다.

NSSI는 행동의 첫 시작인 의도에서 자살을 생각하지 않고 있음을 뜻하며, 자살하지 않았다는 결과에 이르는 것까지 포함한다. 그에 비해 자해는 자살의 의도가 있는 것과 없는 것 모두를 담고 있는 것으로 NSSI를 포함하는 개념이라고 볼 수 있다.

자해는 주로 청소년과 초기 성인기에 나타난다고 한다. 이 시기가 지나면 점차 자해 행동이 줄어드는 것이 일반적이기는 하나, 연령이 증가해도 자해 행동이 완전히 없어지는 것은 아니다. 자해 행동은 전 연령대에서 보인다고 할 수 있다(Maisto et al., 1978). 진선주(2019)의 최근 연구에 의하면 자해 행동이 시작되는 나이로 중학생이 되는 14~15세가 가장 많았다고 했다. 평균적으로는 12.43세로 보고 있어 대략 초등학교 5·6학년(이동귀 등, 2016)을 자해를 시작하는 시기로 보는 것이 일반적이다. 이렇게 일찍 시작한 자해는 자해의 특성 때문에 반복적으로 이어지며 높은 빈도수를 보이고 있다. 이른 자해 시작이 우려되는 지점이 이것이다. 일찍 시작하면 오랫동안 반복하고 반복하며 자해 행동이 심해져 위험에 이를 수 있기 때문이다.

여기서 자해의 특성에 대해 알아볼 필요가 있는데, 자해의 특성은 자살과의 차이에서 더욱 분명하게 드러난다. Kahan & Pattison(1984)은 '직접성', '반복성', '치사성'의 세 요소를 중요한 개념으로 들고 있다.

첫째, 직접성은 자해 행위가 직접적이고 즉각적으로 신체 조직에 위해를 가하는 것을 의미한다. 예를 들어 오랜 기간 단식을 하거나 잠을 자지 않거나 알코올 등의 물질을 사용하는 것처럼 간접적인 방법으로 위해를 가할 수 있다. 그러나 자해는 이와 달리 신체에 직접 고통을 주는 행위로, 고의로 자신을 때리거나 머리카락을 뽑고, 날카로운 흉기 등을 이용해 손목을 긋는 등의 신체 부위에 직접적인 해를 가하는 행동이라는 것이다.

둘째, 자해는 반복적인 특징을 보인다. 권혁진(2014)은 자해를 '죽고자 하는 의도 없이, 직접적이고 고의적으로 신체를 훼손하는 행위'로 정의할 때, 반복성의 개념이 빠져 있다는 점을 지적했다. DSM-5의 NSSI 진단 기준에서도 1년에 5일 이상으로 자해 행위가 반복적으로 일어나야 함을 명시했다. 자해(Self-injury)와 비슷한 자기 훼손(Self-mutilation)은 직접적이고 치사성이 낮아 자살 의도가 없다는 점에서 자해와 비슷하지만, 반복적이지 않은 훼손 행위 중심이라는 점에서는 자해와 다르다는 걸 알 수 있다. 임상 경험으로 미루어보아도 번복되기 쉽고, 완전히 멈추는 게 여간 어렵지 않아 보였다.

마지막으로 치사성은 자해 행동의 결과가 즉각적으로 또는 가까운 시간 내에 죽음에 이를 가능성이 있느냐를 묻고 있다. 다시 DSM-5의 기준에 따르면, '죽고자 하는 의도'를 행위자가 인식하고 있는가 하는 것이 중요하다. 자살은 영구적으로 삶을 끝내서 고통에서 벗어나고자 하는 행동임이 분명하다. 그러나 자해는 일시적으로나마 고통을 피하고자 반복적으로 하는 행동으로 자해 행동이 죽음에 이르게 하지는 않을 것이라는 점을 이미 개인이 알고 있었거나 도중에 알게 되는 것이 보통이다.

즉, 자해는 '죽고자 하는 의도 없이, 직접적이고 고의적으로 신체를 반복적으로 훼손하는 행위'라고 정리할 수 있다.

스트레스나 부정적인 정서를 일으키는 상황을 만나는 것은 누구에게나 불편한 일이다. 이를 감소시키기 위해 우리는 알게 모르게 꽤 많은 방어 기제를 사용하고 있다. 그렇다면 자해는 어떤 역할을 하고 있는가?

높아진 관심에 따라 더 많은 연구가 다양한 분야에서 이뤄져야겠으나 아직까지 기제에 대해 명확하게 밝혀지지 않고 있다. 다만 Bresin & Gordon(2013)은 자해 행동이 내인성 진통제(Endogenous opioid) 역할을 하고 있다고 했다. 즉, 자해로 상처가 나면 뇌는 통증을 감소시키려고 진통 작용을 하고 스트레스를 감소시키는 엔도르핀(Endorphin)을 스스로 분비시킨다는 것이다. 자해는 결과적으로 부정적인 정서를 가라앉히는 진통제(Opioid)의 역할을 한다는 것이다. 그러나 이러한 심리적 진통 효과는 길지 않으며 일시적으로 나타났다가 사라져, 감정의 완화를 위해 자해 행동을 반복하게 된다고 보았다.

분노와 슬픔 같은 격렬한 감정에 휩싸일 때 자해를 통해 안정감을 얻고 평정심을 회복하면서, 자해하는 사람은 자해가 감정을 조절하는 기능을 하고 있다고 여기는 것이다. 자해로 인해 긴장이 완화되고 이것이 긍정적인 경험으로 인식되면 유사한 상황과 감정을 접할 때 다시 자해할 가능성이 높아지게 된다(Spandler, 1996). 자해 경험이 있는 청소년의 60%가 다시 자해를 반복하고 있다는 것이 자해의 반복적 특성을 설명하고 있다.

자해가 가지는 직접적이고 반복적인 신체 훼손 특징은 적절한 개입이 없을 경우 심각한 상황을 초래할 수 있다. Ferrara 등(2012)은 NSSI 집단에서 죽음에 대해 두려워하지 않는 태도를 볼 수 있었는데, 이는 자해를 반복적으로 할 경우 통증과 두려움이 둔감화되는 주관적인 경험을 하기 때문이라고 했다. 즉, 자해의 익숙하고 잦은 경험은 죽음에 대한 두려움을 낮추고, 통증 감내력을 강화시켜 자살 잠재력, 즉 자살을 실행할 수 있는 능력을 높일 수도 있다는 것이다(김초롱 등, 2017).

그래서 오랜 기간 자해를 반복할 경우 자살 행동이 증가하는 결과를 초래하게 되고, 자해는 자살 시도의 중요 예측 요인이 되고 있었다. 이는 자해를 하는 청소년 중 70%가 실제 자살 시도 경험이 있고(Nock & Kessler, 2006), 반대 방향으로 자살자의 40~60%에서 자해 행동이 발견될 정도로 자해하는 사람들에게 자살 위험성이 높다는 것을 알 수 있다(Hawton et al., 2003).

자살과 자해는 이러한 연관성을 가지면서 '죽고자 하는 의도'가 있는가 하는 점에서는 차이가 있다. NSSI는 더욱 그러하다. 자살은 일반적으로 치명적이며 단일한 방법으로 죽음에 이르는 길을 선택하지만, 자해는 치사율이 높지 않은 다수의 방법을 택하고 있어 보다 만성적인 행동(Favazza, 1996)으로 볼 수 있다. 말하자면 자해는 자르기, 태우기, 때리기, 물기, 심각하게 긁기 같은 다양한 방법을 반복적으로 쓰고, 자살은 치명적인 방법을 사용해 1~3회 정도 시도한다는 것이다. 그러므로 자해와 자살의 가장 큰 차이는 자살이 자신의 '삶을 끝내려는 시도'라면(Gollust et al., 2008) 자해는 자신의 심리적 고통을 감소시키기 위해 치명적이지 않은 방식으로 자신의 신체에 해를 가하는 것으로, 결국 '삶을 이어나가기 위한 하나의 자구책'(Walsh, 2008)이라는 측면에서 다름을 알 수 있다.

자해와 자살의 차이점과 연관성을 살펴보며 분명한 차이점에도 빈번한 연관성이 보여 관계에서 혼란스러움을 느낄 수 있을 것이다. 최근 자해 관련 연구들을 살펴보면, 자해는 자살과 다른 개념적인 특성이 있다는 데 동의하고 있다.

그러나 자해와 자살, 이 둘은 자살 의도가 있는 경우와 없는 경우로 한 개인 내에 동시에 빈번하게 일어나며 둘 다를 포함하는 상태로 보는 것이 더 적절할 것 같다. 즉, "분리되지만 동일한(Separate but equal)" 관계를 맺고 있어, 삶과 죽음의 연속체 선상에 연결되어 있다(Muehlenkamp & Kerr, 2009)는 견해가 좀 더 마음에 다가온다. 서로 다른 개념, 분명한 차이를 보이는 결과를 가지지만 자살과 자해는 다르지 않은 심리적 상태에서 시도된다. 감정적 격정 속에서 혼란스런 행동으로 뒤엉켜 있으며, 때로는 운이 좋아 살아남고 때로는 뜻하지 않은 불행한 결말을 맞을 수도 있다. 둘은 한 끗 차이인지도 모른다. 이를 반증하듯 청소년은 자살을 시도하기 전에 먼저 자신과 자신의 삶에 대해 비관과 혐오감을 느끼고, 스스로의 몸을 학대하면서 자해를 하게 되거나 심한 자해 행위의 결과 자살 시도로 이어지기도 한다는 것이다(강경미, 2010).

자해에 대해 정리해서 말하자면 자해는 '죽고자 하는 의도 없이, 직접적이고 고의적으로 신체를 반복적으로 훼손하는 행위'라고 할 수 있다. 그러나 '자살의 의도 없이' 이뤄진다고 할지라도 반복적인 자해 행동을 통해 스트레스가 감소되고 죽음에 대한 두려움이 둔감화된다는 위험성이 있다. 이로 인해 점점 공포와 고통에 익숙해지면서 높은 자살 경향성과 이어지며, 자해는 "분리되지만 동일한" 연속체에 있다고 볼 수 있다.

04

자해에 대한 오해와
선입견

지금까지 살펴본 자해 정보를 바탕으로 우리가 가지고 있는 자해에 대한 생각을 되짚어보았으면 한다. 자해하는 청소년을 더 힘들게 했을지 모를 선입견과 오해를 다음과 같이 정리해보았다.

첫째, 손목을 긋는 것이 자해다.

보통 칼로 손목을 긋고 피를 흘리는 것이 자해라고 생각하는 경우가 많다. 그러나 자해의 종류는 생각보다 다양하다. 칼로 긋기뿐 아니라 물어뜯기, 심각하게 긁기, 불로 지지기, 찌르기 같은 행동이 있고 여러 날 단식을 하거나 잠을 일부러 자지 않는 것으로 자신을 괴롭히기도 한다. 예를 들어 손톱을 강박적으로 심하게 물어뜯기, 자나 가위 같은 것으로 살갗 긁기, 담뱃불을 피부에 대고 지지기, 샤프 앞 꼭지로 쿡쿡 찔러 대는 모습 같은 것이다. 하지만 손목을 긋는 행위 외에는 자해라고 생각하지 않고 무심코 넘기는 경우가 생각보다 적지 않다.

언젠가 학급의 한 아이가 자기 뺨을 때리는 모습을 보았다. 사소한 잘못을 했고 그에 대해 가볍게 주의를 주었다. 그랬더니 아이가 스스럼없이 자기 뺨을 왼쪽, 오른쪽 번갈아가며 치는 것이다. 잘 못했다고, 실수했다고 전하고 싶은 것 같은데 그걸 말이 아닌 '자기 뺨 때리기'로 담임에게 보여주고 있었다.

남자아이들이 친구와 함께 있을 때 종종 이런 모습이 관찰되는데, 친구들 사이에서는 웃기고 찌질한 행동으로 가볍게 받아들여지는 것 같았다. 친구들의 반응에 힘입어 더 세게 더 많이 때리다 볼이 빨갛게 되기도 했다.

장난뿐 아니라 화가 나고 속상한 일이 생길 때도 이런 행동이 나타났다. 그때는 놀랄 정도로 세게 자신을 때리거나 벽에 머리를 부딪치고 주먹으로 창문이나 벽을 친다. 미디어의 영향인지 인터넷에서 본 것인지 시작은 알 수 없지만 이런 가학적 행동 역시 자해로 생각하며 주의해서 살펴볼 필요가 있다.

둘째, 자해는 관심받으려고 하는 행동이다.

관심받고 싶어 '죽지는 않으면서 쇼(Show)'하고 있다는 것이다. 그랬으면 좋겠다. '쇼'라는 건 보여지는 것으로 사실과 다를 테고, 그렇다면 우리 아이들은 자해로 상처를 남길지언정 목숨을 잃지 않을 테니 말이다. 그러나 아쉽게도 앞선 진선주(2019)의 연구에 의하면, '자해할 때 죽고자 하는 의도가 있었는가'라는 설문에 자해 청소년의 40.9%가 "그렇다"라고 대답했다. 적지 않은 비율이며 '쇼'라고 보기엔 아주 높은 수치다. 게다가 자해 동기에 대한 청소년의 답을 들어보면 주의를 끌기 위해 자해하는 경우는 전체 중 4% 정도에 불과하다고 했다(안영신·송현주, 2017). 단 4%! 대신에 죽고 싶었다는 건 40.9%. 그러니까 자해하는 청소년의 절반 가까이는 죽고 싶었으나 결과적으로 다행히 죽지 않은 것일지 모른다는 뜻이다.

'관심받기 위해서 목숨을 건다?' 그냥 주변 사람으로서 우리가 "쟤는 관종이야" 하며 쉽게 넘기고 싶어서 하는 말은 아닐까 돌아볼 필요가 있다.

우리 공동체는 애석하게도 '관종짓' 하는 아이들에 대한 수용력이 높지 않다. 다른 나라에 비해 일도 많이 하고, 성실히 사는 것을 미덕으로 생각하며 높은 성취 기준을 가지고 있어서 그런가 보다. 그래서 다른 사람이 하는 한때의 어리석어 보이는 행동을 너그럽게 봐줄 수 있는 여유가 없는지 모르겠다. 청소년은 자해하기 전 관심받기 위해, 이해받기 위해 나름 여러 행동으로 애를 써왔다. 그렇게 애쓴 아이들의 행동에 대한 노력과 기억은 묻어둔 채, 최후의 수단인 '자해'를 관심받기용 협박이라고 생각하는 것이다. 한참 민감하면서도 예민한 어린아이들이 관심을 바라는 것은 어쩌면 당연할 것일지 모르는데 말이다.

셋째, 주로 여학생들이 자해를 많이 한다.

Ross & Heath(2002)는 여자 청소년이 남자 청소년에 비해 자해의 발생 빈도가 높다고 했으며, 일본의 연구에서도 자해 비율의 성별은 남학생이 7.5%, 여학생은 12.1%로 분명히 여학생의 비율이 높게 나온다. 그래서인지 자해라고 하면 여학생의 행동으로 이해하는 사람이 생각보다 많다. 자해에 대해 알고 싶어 연수에 참여한 적이 있다. 강의는 정신과 전문의가 나와 진료한 경험을 바탕으로 진행되었다. 그런데 강의 내내 주어가 "여학생은…"이었고 아니면 "어머니가…"였다. 남학생의 사례는 한 번도 나오지 않았으며 자해 학생을 돌보는 아버지의 역할도 불분명했다. 그만큼 여성 중심으로 자해가 이뤄지는 것처럼 보였다.

이것이 사실일까? 앞서 살펴봤듯이 많은 사람이 자해를 손목 긋는 행위로 보고 있고 여자 청소년의 대부분이 이런 자해를 한다. 그와 비교해서 남자 청소년은 자신을 때리거나 벽에 머리를 찧거나 불로 지지는 행위가 상대적으로 많으며, 이것을 자해라고 자각하지 못하는 경우가 많다. 이런 자해 현상의 이해와 더불어 염두에 두어야 할 것은 자해로 상담을 받는 사람들이 대부분 여성 자해 행위자라는 점이다. 그래서 여성의 자해 비율이 높은 것처럼 보이는 것은 아닐까 생각한다.

실제 국내 3개 병원 응급실을 방문한 환자들을 대상으로 조사한 결과, 자해 및 자살 시도로 인한 신체의 전체 손상은 남성이 61.4%로 여성보다 많았으며, 이로 인한 사망률도 남성이 62.6%로 여성보다 높게 나타났다(김재익·오주환, 2014). 결과적으로 자해 현상을 좀 더 살펴보게 되면, 자해의 방법이 다소 다를 수 있어도 자해 빈도에서 남녀의 차이가 보이지 않았다는 안영신·송현주(2017)의 연구 결과가 설득력이 있어 보인다.

넷째, 자해는 어른이 되면 자연스럽게 사라진다.

청소년이 자해를 가장 많이 하는 건 사실이다. 초등학교 5·6학년 때 시작해 중학생 때 가장 높은 비율로 자해를 하고 성인 초기까지 이어진다고 한다. 그러나 DSM-5에서는 좀 더 성인기인 20~29세에 자해 비율이 가장 높다고 했으며 한지혜(2018)는 만 20세~만 59세의 성인 집단을 대상으로 연구를 했다. 이 연구에서 자해 행동의 양상으로 봤을 때 성인과 청소년은 차이가 있으나 자해가 생애 전반에 걸쳐 지속적으로 이어지고 있음을 보고했다. 이것은 자해가 심리적으로 불안정한 청소년기 아이들의 충동적인 행동이고 어른이 되어 안정을 찾으면 자연스럽게 없어질 것이라는 견해에 의문을 가지게 한다.

자해할 때 엔도르핀이 나와 심리적 불편감을 진정시킨다고 했다. 엔도르핀은 뇌에서 자연적으로 생성되며 통증 완화 효과를 지닌 아편성 단백질의 총칭으로 이 중 베타 엔도르핀(Beta Endorphin)의 진통 효과는 일반 약물 진통제에 비해 무려 200배에 달한다고 한다. 이것이 자해할 때 일시적으로나마 나오게 되면서 마약 같은 효과로 자해를 반복하게 되고 더 강한 자극을 얻기 위해 자해 강도를 높이는 것이다.

자해는 중독 증상과 유사한 현상을 보이고 있었다. 김수진·김봉환(2015)의 연구를 보면 청소년의 자해 행동에서 '강한 중독성'을 발견할 수 있다. 청소년의 자해 행동은 '한번 시작하게 되면 계속 찾게 되는 일종의 마약 같은 중독성이 있다'라고 했다. 해결하기 어려운 심리적 문제로 괴로워하기보다 즉각적으로 진통 효과를 얻기 위해 청소년은 자해하고, 그러고 나서 자신의 행동을 후회하면서도 반복한다는 것이다. 이는 행위 중독에서 보편적으로 볼 수 있는 양상이다.

자해가 이렇게 중독성이 강하다면, 우리 아이들이 어떻게 이겨낼 수 있겠는가? 성인도 어려운 중독의 숙제를 '마음이 약해서', '심리적으로 문제가 있어서', '특별히 힘든 경험을 겪어서'라고 청소년 개인의 문제로 볼 수 있을까? 자해가 중독성이 강하다면 자연스럽게 사라지기 어렵다. 만약 어떤 사람이 청소년기에 자해했다가 어른이 되어가며 없어졌다면 그것은 자연스럽게 사라졌다고 보기 어렵다. 그는 자해를 '극복'한 것이고 자해의 중독성에서 애써 벗어나 '생존' 한 것이라고 보는 것이 더 타당하다.

05

'흔들리며 피는 꽃', 아이들이 위험하다

흔들리지 않고 피는 꽃이 어디 있으랴

이 세상 그 어떤 아름다운 꽃들도

다 흔들리면서 피었나니

흔들리면서 줄기를 곧게 세웠나니

흔들리지 않고 가는 사랑이 어디 있으랴

젖지 않고 피는 꽃이 어디 있으랴

이 세상 그 어떤 빛나는 꽃들도

다 젖으며 젖으며 피었나니

바람과 비에 젖으며 꽃잎 따뜻하게 피웠나니

젖지 않고 가는 삶이 어디 있으랴

도종환의 시 「흔들리며 피는 꽃」을 볼 때면 우리 아이들이 생각난다. '자세히 보면 예쁘고, 오래 보면 사랑스러운' 청소년기의 우리 아이들. 사는 동안 어느 시기인들 나름이 가지고 있는 생의 과제로 어려움을 겪겠지만, 청소년기처럼 섬세하면서도 거칠고, 불안정하면서도 강한 에너지를 품는 시기가 또 있을까 싶다. 역동적인 감정으로 낙관성과 비관성, 자부심과 수치심, 친밀감과 고립감을 번갈아 느끼면서 말이다.

자해가 전 생애에 걸쳐 일어나지만, 청소년 시기에 자해 빈도가 높은 이유는 청소년의 성장 발달 단계 특성이 자해와 밀접하게 영향을 주고받기 때문인 것으로 보인다. 청소년기는 아동에서 성인으로 옮겨가는 과도기로, 사춘기(Puberty)라고도 하는데 이는 상당한 성적 의미를 가지고 있다. 즉, 호르몬 분비가 왕성해져 몸과 마음이 성적으로 성숙에 접어들고 있다는 뜻이다. 그래서 애정의 대상이 보호자에서 친구나 애정의 대상, 동경의 상대에게로 이동하며 관계의 확장과 자아의 정체감을 찾아가게 된다.

청소년은 보호자와의 관계에서 여전히 자신의 성장을 인정받고 싶어 하기도 하지만 나아가 지금까지 자신을 돌봐주고, 모델링이 되어주었던 보호자의 모습이 못마땅해 보이기 시작한다. 이 시기 청소년은 자아상이 높기 때문에 일상생활을 함께하며 겪게 되는 보호자의 모습이 현실적이고 때로는 매우 부족해 보인다. 그런 보호자는 이상성을 동경하는 자신을 훈육하고 통제하기에 부적절한 대상이 된 것이다. 보호자는 자신의 놀라운 성장을 인정해주지 않으면서, 늘어난 자율성의 욕구를 충족시켜주지 못하고 억압하는 존재로 느끼게 된다. 이렇게 보호자와의 관계 재구성에 실패한 청소년은 먼저, 보호자와의 소통에 어려움과 부재를 경험하게 된다. 그래서 집에 오면 점점 더 말이 없어지고 이해할 수 없는 행동을 하며 때로는 거친 거부감까지 보이는 것이다.

이런 자신의 감정을 공유하고, 성장하는 자아의 욕구를 표현하기 위해 청소년은 또래 집단에 소속되기를 원한다. 또래 집단은 보호자나 다른 어른들처럼 평가적인 시선으로 바라보며 비웃거나 무시하기보다, 자신의 행동을 애정과 동정, 이해의 눈길로 바라보는 장(정옥분, 2008)이라고 여기기 때문이다. 문제는 건강하지 못하고 미숙한 청소년의 또래 집단에서 비교와 평가로 인한 차별이 발생하고 그에 따른 혐오와 폭력이 일어나고 있다는 점이다. 이 집단에서는 성적, 보호자의 사회·경제적 지위뿐 아니라 자신의 키·몸무게·외모 등이 중요한 평가 기준이 되고 있었다.

한국방정환재단은 학년이 높아질수록 차별 경험이 증가한다고 했다. 청소년에게는 성적이 가장 고민일 것 같지만, 초등학생의 20.1%가 외모 차별, 18.5%가 성차별, 13.3%가 성적 차별을 경험했고 고등학생이 되어가면서 성차별 37.2%, 성적 차별 35.6%, 외모 차별을 28.5% 고민하고 있었다. 여학생이 남학생보다 성차별과 외모 차별을 더 많이 겪었고, 삶의 만족도도 그만큼 낮게 나타났다. 또래 집단과 학교생활에서 소외감을 겪게 된다면 이제 우리 아이들은 어디서 마음을 나눌 수 있을까?

거기다 이 시기처럼 현실과 이상 속 자아의 차이가 클 때가 있을까 싶다. 이 둘은 프로이트(Freud)가 말한 의식과 무의식만큼 거리가 있으며, 현실 속 자아와 이상 속의 자아를 통합하는 것은 무의식을 의식화하는 심리적 과제만큼 어렵다. 두 자아의 거리가 멀수록 자아의 주체는 많은 심리적 어려움을 겪게 된다. 성숙한 삶을 살아간다는 것은 현실과 이상 속의 나를 만나고 인정하며 수용하는 통합의 과정이라고 할 정도이다.

그러나 청소년에게 '되고 싶은 나'는 저 하늘의 별처럼 빛나고 평범하지 않으며 특별하다. 마치 좋아하는 아이돌이나 게임 캐릭터처럼 그런 대상에게 자신을 투사하고 애정을 쏟는다. 그에 비해 현실을 사는 '지금의 나'는 '개명청이에 길치, 음치, 몸치의 쓰레기'로 보인다. 자신은 그렇다는 걸 알고 있으나 다른 사람에게는 좀 더 나은 사람으로 보여 본모습을 들키고 싶지 않다. 그래서 바로 집 앞을 나갈 때도 다른 사람의 눈을 신경 쓰고 주변에서 자신에게 하는 말과 평가에 늘 민감하게 반응하게 된다. 이 불균형을 청소년이라는 아직 미성숙한 자아가 해결한다는 것은 몹시 어려운 과제일 것이다.

이런 자아의 혼란, 소통의 어려움과 부재로 인한 관계의 긴장, 그 속에서 느끼게 되는 부정적 정서는 청소년에게 자신이 생각하고 느끼는 바를 제대로 전달하지 못하게 되는데 이를 '감정 표현 불능증(알렉시티미아Alexithymia)'이라고 한다. 알렉시티미아는 그리스어로 '단어'를 나타내는 'lexi'와 영혼을 의미하는 'thym'이라는 단어에 부정의 뜻을 담고 있는 'a'를 붙였다. 그래서 알렉시티미아는 '영혼을 설명하는 단어가 없다'*라는 용어로 자신의 마음과 생각을 적절하게 전달할 수 없는 상태를 말한다. 청소년에게 자주 듣는 말 가운데 하나가 "모르겠어요"일 것이다. 자신의 감정을 충분히 표현하지 못한 경험은 표현의 문제로만 그치지 않는다. 충분하지 못한 표현은 다시 감정을 선명하게 알아차리는 과정에 영향을 주어 점점 더 모호해지고 혼란스럽게 만든다. 모호하고 혼란스러운 감정은 표현하기 더욱더 어려워져 알렉시티미아의 늪에 빠지게 되는 것이다.

이 증상은 흔히 대뇌반구의 안쪽에 존재하며 감정과 기억을 담당하는 부분인 대뇌변연계(Limbic regions)와 사고와 판단을 담당하는 전전두엽(Prefrontal regions) 사이의 접촉이 잘 일어나지 않거나 제한적으로 이뤄질 때 발생한다. 인간의 뇌 발달은 한꺼번에 이

---

* 네이버 지식백과(2020. 03. 04. 검색), https://terms.naver.com/entry.nhn?docId=3440270&cid=40942&categoryId=31531

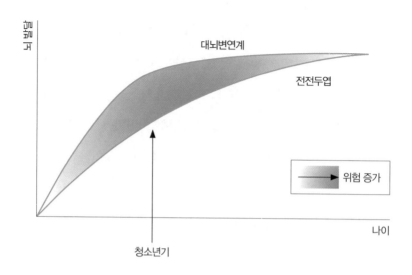

뤄지지 않는다. 살아남기 위해 생명 중추라 불리는 뇌간이 먼저 형성되며 그다음으로는 감정적 반응을 조절하는 '뜨거운' 뇌에 해당하는 대뇌변연계와 인지적·종합적 처리를 하는 '차가운' 뇌인 전전두엽이 마지막으로 발달한다.

위 그래프(Somerville et al., 2010)에서 알 수 있듯이, 늦게 시작한 전전두엽도 대뇌변연계와 같이 꾸준히 발달하는 모습을 보이고 있다. 그러나 청소년기(Adolescence)에 주목해봤을 때, 더 활성화되어 있는 것은 감정의 뇌인 대뇌변연계라는 걸 알 수 있다. 그러니까 이 시기의 우리 아이들은 아직 감정에 휩싸이기 쉽고, 그리 이성적일 수 없다는 것이 뇌 발달로서는 당연해 보인다는 사실이다. 거기에 전전두엽과 대뇌변연계 발달의 차이가 클수록 청소년이 겪게 되는 심리적 '위험은 증가'하게 된다는 점에 주목할 필요가 있다. 마치 무의식과 의식의 차이같이 현실 속 자아와 이상 속 자아의 거리가 멀수록 심리적으로 위험하다는 것이다.

동료들과 청소년의 뇌 발달을 공부한 적이 있다. 이때 5학년 담임 교사가 탄식하듯 한 말이 있다. "아, 우리 아이들은 림빅(Limbic)의 아이들이었어!" 그러니까 생각하는 법을 가르치는 것이 교육이긴 하겠으나, 우리 아이들의 뇌는 아직 대뇌변연계(Limbic)의 기능이 우세한 상태에 있다는 것이다. 학교와 사회는 한창 역동적인 감수성을 가지고 있는 아이들에게 고도의 전전두엽의 기능이 요구되는 높은 수준의 이성적 기대를 요구하고 있었는지 모른다는 탄식이었다.

Piaget(1978)는 인지 발달 이론의 마지막 단계로 형식적 조작기를 들고 있다. 형식적 조작기에 이르면 전전두엽이 활성화된 것처럼, 전 단계인 구체적 조작기에는 어려웠던 추상적 개념이나 관념에 대해 논리적으로 사고할 수 있게 된다는 것이다. 그래서 내가 아닌 다른 사람과 현상에 대해 상대적 시각으로 보다 유연하게 세상을 이해할 수 있다고 했다.

그러나 피아제는 모든 사람이 성인이 된다고 해서 형식적 조작기 수준의 사고 발달에 이를 수는 없다고 했다. 앞의 그래프에서 보이듯, 성인이라고 해서 사고와 감정이 균형을 이루는 전전두엽과 대뇌변연계가 만나는 시점이 빨리 이루어지는 것은 아닌 것 같다. '나이'

상 꽤 나이가 들어서야 가능하다는 걸 알 수 있고 경험으로 미뤄봐도 부인하기 어려운 사실이다. 어른이 되었다고 모두 어른스러운 것은 아니지 않는가.

인지 발달이 미성숙한 청소년은 부정적인 정서를 일으키는 상황을 겪게 되면 적절한 인지 대처 전략을 세우는 데 서툴 수밖에 없다. 사회적 기술과 표현 능력이 부족해 관계에 좌절을 겪게 되면 청소년은 자해를 정서 조절의 도구로 사용하고 있었다. 격렬한 감정을 말로 표현하지 못하고 그 고통을 견딜 수 없어 주변에 도움을 청하기보다 고통을 자해로 해결하고 있는 것이다(Ross & Heath, 2003).

D'Onofrio(2007)도 자해와 관련이 높은 심리적 특성으로 정서에 대한 표현이 명확하지 않거나 제한되는 감정 표현의 어려움(알렉시티미아), 만성적이고 억제되어 있는 분노, 심한 기분 변화, 충동 통제의 어려움을 들고 있다. 이는 청소년기에서 흔히 나타나는 심리 상태와 부합한다.

DiClemente 등(1991)은 분노·불안·우울을 자해와 관련 깊은 정서로 보고 있는데, 이 시기에 보이는 우울은 성인들이 보이는 증상과 다른 양상을 띠기도 한다. 그중 하나가 '가장된 우울(Masked depression)'이다. 가장된 우울은 마치 우울과는 직접적으로 관련 없어 보이는 다른 모습들, 예를 들면 충동적인 행동이나 급작스러운 분노 또는 비순응적이고 반항적인 행동 뒤로 숨겨지곤 한다 (Glaser, 1966). 짜증을 내고 삐딱한 태도를 보인다면 아이의 그 행동 뒤에는 우울이 숨어 있을 수 있으며, 갑작스러운 분노나 거친 태도는 자신의 영혼을 어찌 전해야 할지 모르는 알렉시티미아의 어려움을 겪고 있기 때문일지 모른다.

청소년은 이렇게 밀려드는 정서적 불편감에서 자신을 분리하고 보호하기 위해 또 다른 고통이 필요했던 것 같다. 즉, '현재 느끼고 있는 고통이, 그들이 직면했던 문제에 의해서가 아니라 자해에 의한 고통으로 유발되었다'라고 생각하고 싶은 것이다. 그들은 안정감을 얻고 긴장을 해소하기 위해 자해가 필요했다. 게다가 스트레스 상황이 반복되자 책임을 더는 다른 곳에서 찾지 못하고, 말 대신 자신의 몸에 상처를 내면서 자기 처벌과 자기 혐오를 표현하고 있었다 (Zila & Kiselica, 2001). 이렇게 청소년은 두려운 자살 시도보다 다른 사람에게 해를 끼치지 않으면서 공격을 피하고, 스스로 통제할 수 있는 방법이 자해라고 생각했다. 더 이상 감당하기 힘든 괴로움. 누군가 원망하기도 어렵고 아무것도 할 수 없다는 무력감에 빠질 때, '내' 몸에 '내'가 상처를 내며 고통을 해결한다. 그래도 그때 '나'는 '무언가' 하는 존재가 되었다. 자해는 모순되게도 부정적 정서로 위축되어 있을 때 자신의 몸에 스스로 상처를 내고 고통을 느끼며, 그때야 비로소 살아 있는 존재로서 자신을 확인하는 행위가 되기도 했다(Polk & Liss, 2009).

　고통으로 자신의 존재를 확인하는 '흔들리며 피는 꽃'인 우리 아이들. 위태롭지만 아름다운 이들의 성장을 어떻게 하면 도와줄 수 있을 것인가?

　'최소량의 법칙(Low of Minimum)'이라는 게 있다. 쇠사슬의 경우 가장 약한 부분이 그 쇠사슬의 강도가 되며, 물통의 높이가 다르다면 들어가는 물의 양도 가장 낮은 쪽 높이의 부분이 물의 총량이 된다는 것이다.

　아이들은 우리 사회를 비추는 거울이자 가장 약한 고리 중 하나다. 최소량의 법칙에 의하면 아이들의 행복 수준이 우리 사회의 삶의 질을 나타낸다고 볼 수 있다. 그런데 어른들은 '(뼈와 살을) 갈아 넣는 사회'에서 살고 있으며, 그에 따라 약한 고리인 아이들은 어른들이 일하는 시간보다 더 많은 시간을 놀지 못하고 학원을 돌며 공부 노동에 시달리고 있다. 또한 약한 고리는 약한 상대이기에, 조금이라도 더 힘이 있는 상대에게 학대받고 방치되기 쉽다. 가정 폭력에 시달리는 아이부터, 생각보다 많은 보호자가 아이를 자신의 감정 쓰레기통으로 쓰며 스트레스를 풀거나 삶에 허덕인다는 이유로 아이의 마음까지 돌보지 못한다는 걸 우리는 알고 있다. 사회적으로는 '노 키드 존'으로 묶어 아이를 배척하고, 새로 개정된 '민식이법' 때문에 어떤 운전자는 자신이 선의의 피해자가 될지 모른다고 불만을 토로한다. 어른인 우리가 아이에게 말이다.

글을 쓰며 '부모'라 쓰기보다 '보호자'라 부르려고 신경을 썼다. 우리 아이들은 다양한 가족의 형태와 양육 환경에서 자라고 있고 부모라는 이름이 가지는 기쁨과 자부심도 알고 있지만, 그에 따른 무거운 책임감과 사소한 것까지 자책하는 자리라는 걸 고려해서다. 또한 "아이는 온 마을, 사회가 함께 키워야 한다"는 말에 동의하고, 어른인 사람은 모두 아이에게 '보호자'여야 한다고 생각하기 때문이다. 예를 들어 아이가 약국에서 산 주삿바늘로 자해를 했다는 말을 들었다면, 그런 위험한 도구를 산 아이를 탓해야 하는가? 아니면 그걸 판 약국의 책임을 보호자로서 당당히 물어야 하는가? 그런데 보호자인 어른은. 아이에게 위험한 물건을 팔고 책임을 묻는 데 주저하고 쉽게 아이를 질책하고 만다.

쇠귀 신영복 선생님은 "물을 가장 많이 담을 수 있는 통은 함께 만들어야 한다"고 하셨다. 사회의 약한 고리가 행복해질 때, 우리 공동체가 행복해질 수 있는 것이며 우리 아이들이 건강해진 만큼 사회도 그러할 것이다. 흔들리는 우리 아이들이 아주 많이 아프지 않도록 보호하는 어른이 필요할 때다.

2부

자해하는 아이들의
이야기를 듣다

자해 경험의 현상

01

아이들의 이야기를
듣기 전에

우리나라에서 '청소년'은 9세 이상 24세 이하인 사람으로 규정하고 있다. 여기서는 '청소년'이라는 말과 '아이들'이라는 말이 섞여서 나오고 있다. 그것은 '청소년'은 학문적 입장에서 그 지위를 분명히 해야 할 때 적절한 용어이고, '아이'는 미성숙함을 전제하고 있어 관계와 지위에서 불평등에 빠지기 쉬운 말이다. 그러나 교사이자 보호자인 글쓴이의 입장에서 '아이'는 오랫동안 익숙하게 써왔던 말이고 정서적으로 더 다가오는 말이라 두 말을 섞어 사용하게 될 것이다. '어른'이라는 지위에서 '아이'에게 권력을 휘두르지 않는지 계속해서 신경을 쓸 것이니 너그러운 양해를 구하는 바이다.

자해에 대해 아이들에게 이야기를 듣는 것은 쉬운 일이 아니었다. 감추고 싶어 하는 민감한 주제이기도 하면서 아이의 생명과

건강에 영향을 끼칠 수 있는 상황을 불러일으킬 수 있기 때문이다. 또한 청소년 시기의 아이들은 자신의 경험을 조리 있고 구체적으로 설명하기 어려워하는 것도 한몫을 했다.

특히 상대가 또래가 아닐 경우 더욱 그러하다. Froeschle & Moyer(2004)의 말처럼 자해는 심리적인 고통을 말로 표현할 수 없을 때, 압도하는 강한 느낌을 표현하거나 심리적인 고통을 감소시키기 위해 통증과 피를 원하며 이뤄지는 특성이 있다. 그래서인지 자해 경험에 대해 여러 가지 이야기를 하다가도, 자해하는 그 순간의 구체적인 자각이나 자해를 하는 이유를 찾아가면 "모르겠어요", "그냥…"이라는 말을 흔히 했으며 정말 모르는 듯해 보였고, '그냥' 말고 다른 이유는 생각나지 않아 보였다. '압도당한다는 것, 표현할 수 없다'라는 것이 무엇인지 아이들을 만나면서 정말 그럴 수 있겠구나 하고 이해할 수 있었다.

이렇게 직접 겪어봐야 아는 것이 있다. 알고 있다고 생각하지만, 실제 경험해본 사람만이 이해하는 것들이 있다. 그래서 자해에 대해 알고 싶다면 자해를 경험한 우리 아이들에게서 직접 듣고 알아나가야 한다고 생각했다. 그리고 찾고 싶었다. 아이들은 자해할 때 정서적 어려움을 어떤 식으로 겪으며 어떻게 이해하고 있는지, 그 고통을 다른 것이 아닌 몸을 대상으로 하는 이유가 무엇인지, 반복적인 자해의 과정은 어떻게 이뤄지고 멈추는지, 그리고 자신의 자해 의미를 어떻게 설명하고 있는지를.

이러한 자해의 본질적인 이해는 성별, 나이, 자해 방법, 개인이 처한 환경과 가지고 있는 성향을 넘어서는 '자해 행위에 대한 보편성'을 가지고 있어야 한다. 당연히 각자가 가지고 있는 다양한 원인에 대해 살펴보지 않겠다는 것은 아니다. 그것에 앞서 자해 경험에서 보이는 보편적 현상에 대한 이해를 바탕으로, 내 옆에 있는 그 아이의 개인성과 특별하게 만날 준비를 하고 싶은 마음에서다. 그 아이들은 나이도 다르고, 성별도 다르며 각자 다른 이야기를 가지고 있을 테니 말이다. 각자의 개인성은 보편성 위에서 분명하게 자신의 이야기를 드러낼 것으로 기대한다.

한 아이에 관한 이야기가 죽 이어지는 글이 읽기 편하고 깊이 있게 다가올 것이다. 그러나 보편성을 찾기 위해서는 내러티브적인 서술보다 현상학적 접근을 선택할 수밖에 없다. 한 아이에 대한 깊고 공감 어린 시선을 가지고 싶은 것은 모두가 마찬가지겠으나 그 이전에 이해의 기준이 될 수 있는 '자해 청소년 경험의 보편성'이 무엇인지 우선적으로 정리되는 것이 필요하기 때문이다.

인터뷰 내용은 그들의 입말을 살려 그대로 옮겨 썼다. 맥락이 뚝뚝 끊기기도 하고 글이 매끄럽지 않게 느껴지기도 할 것이다. 그리고 글을 읽어나갈수록 한 아이의 긴 이야기가 듣고 싶을 수 있다. 이 글이 그것을 충족시키기는 어려울지 모르겠다. 다시 한번 말하자면, 다섯 아이가 들려준 이야기 속에서 자해 행동의 보편적 현상을 알고 싶었고 그래서 현상학적인 접근이 필요했다.

참여자의 말은 다음과 같이 인용되며 인터뷰는 그들이 전하는 언어적 또는 비언어적 내용에서 의미 있는 주제를 찾아가며 진행된다.

첨엔 그니깐 기억이 안 나서… 처음… (어이없다는 듯 웃으며) 선생님 왜 그때 왜 기억이 안 나요… 처음 자해를 했을 때는 왜 그랬을까요? … 생각해본 적이 없어서… 왜 했을까?_하늘빛

유혜령(2013)에 의하면, 현상학적 연구는 외부자가 아닌 내부자의 관점으로 다가가 참여자의 일상적 생활 세계의 경험에 관심을 기울이며 이를 구체적이고 생생하게 기술해야 한다고 했다. 거기에 배려 있는 통찰로 현상의 의미를 밝히고 '구체적 보편성'을 세워 '학적 타당성'을 추구하는 것이 현상학적 접근의 태도라고 했다. 그들을 진심으로 이해하고자 하는 마음을 안고 보편적 의미를 찾아 체계적인 학문의 구조를 만드는 것이 현상학적 과정이다.

앞으로 다른 연령·성별로 다른 곳에 살고 있으면서 고유한 성향을 가진 다섯 아이의 자해 경험 이야기를 듣게 될 것이다. 배려 있는 참여자로 그들의 경험에 귀 기울이고 공통점을 찾아 학문적으로 쓰일 수 있도록 정리할 것이다. 그리고 이것은 '경험 속에 현상의

본질이 있다'라는 현상학적 접근 방식으로 자해 경험을 이해하는 기본적인 태도가 되었으면 하는 마음이다.

특히 이 접근 방식을 선택한 이유는 자해가 몸에서 일어나는 현상임을 전제로 하기 때문이다. 현상학적 접근에서 체험 현상은 내 몸이 세계를 경험하는 방식이다. 곧 나의 실존을 구성하는 터전인 몸이 가지는 세계 경험에, 시간과 공간 그리고 관계의 체험이 서로를 근거로 구성되면서 통합되어가는 것이 체험 현상이라고 했다(유혜령, 2014). 우리는 흔히 생각이나 마음이 우리의 경험을 더 잘 드러낸다고 한다. 그러나 자세히 살펴보면 지금 이곳에서 일어나는 일의 과정을 겪고 있는 것은 내 몸이고, 겪어낸 내용이 내 안에서 싸하여가는 일들을 경험해보았을 것이다. 즉, 그들이 '살아낸(Lived)' 시간·공간·관계의 체험을 자신의 삶으로 통합하고 의미화해 나가는 것이 자신의 경험이라는 것이다. 이로써 '나'라는 개인은 참된 세계와 접촉할 수 있으며 실존적 본질을 회복하는 방법을 모색해 나간다고 볼 수 있다.

또한 자해하는 청소년은 '설명되는 존재'가 아니라 '이해되어야 하는 존재'로 받아들여지길 원할 것이라 생각한다. 그러기 위해 청소년의 목소리를 있는 그대로 탐색하는 현상학적 접근이 이 시기 자해 청소년에 대한 왜곡과 오해를 줄이는 방법이 될 것이다. 인터뷰를 진행하면서 내내 '청소년은 자해에서 어떤 경험을 하는가?'를 마음속 질문으로 잊지 않은 채, 기존에 가지고 있는 경험과 전제를 괄호로 묶고(Bracketing), 반성적 해체를 통해 선입견을 버리고 주의 깊게 들으려 노력했다. 이야기를 듣다가 길을 잃으면 질문을 다시 떠올렸고, 평가나 판단이 끼어들면 멈추고 이 평가와 판단은 참여자의 경험이 아님을 분명히 짚고 넘어갔다. 그리고 다시 이야기 속 이 과정으로 자해 행동의 현상과 의미를 드러내고 청소년의 자해에 대한 본질을 재구성해보고자 했으며 이러한 만남이 자해하는 청소년들에게도 자해 현상 너머 자신의 삶을 인식하는 기회가 되기를 기원했다.

모집 과정을 거쳐 참여자들을 만나게 되었다. 인터뷰는 생생한 기술을 위해 최근 1년 이내에 자해 경험이 있고 평균 자해 횟수가 3회 이상이며 자해에 관해 이야기하고자 하는 자발적인 의지가 있는 청소년을 대상으로 했다. 현상학적 접근에서 권장하고 있는 3~10명(Dukes, 1984)의 참여자 수를 고려하고 탈락 가능성 같은 상황 요인을 생각해 5명의 참여자를 모집했으며 자료가 충족될 수 있도록 3회 이상의 인터뷰를 진행했다. 참여자들은 "선생님을 돕고 싶어요", "자해에 관해 이야기하고 싶어요", "텔레라면 말할 수 있어요", "친구의 권유가 진정성 있고 배려가 느껴졌어요"라며 기꺼이 참여에 응해주었다.

우선시되어야 할 것은 참여자의 안전이며, 인터뷰로 인해 참여자의 자해 행동이 심화되지 않도록 주의를 기울일 필요가 있었다. 인터뷰 기간 동안 수시로 연락을 취하며 참여자들의 상태를 점검하고 지역의 정신과 전문의와 연계해 자해 청소년의 증상과 위험 신호에 대한 사전 정보를 얻고 자문을 구했다. 더욱이 참여자 중 한 명을 제외하고 나머지 참여자는 자해와 관련된 상담 및 치료를 받아보지 않은 상태라 더욱 조심스러웠다. 인터뷰 전후로 참여자의 생활을 나누는 만남을 수차례 가졌고 그 뒤로도 이어가고 있다.

참여자에게는 인터뷰 과정에서 불편감을 느낀다면 언제든 그만둘 수 있으며 자료는 참여자가 허락해야만 사용할 수 있음을 알렸다. 그랬더니 참여자들은 재미있어하며 "텔레가 이제 을이네요" 하고 놀리고 싶어 하는 모습을 보이기도 했다.

참여자들의 자해 횟수는 총 40회에서 100회 이상이며 자해 기간은 9개월~7년, 나이는 14~20세, 남 1명, 여 4명으로 중학교, 고등학교, 대학교 군까지 인적 구성이 다양하다. 그래서 각기 다른 환경에서의 자해 경험을 탐색하는 기회가 되었다. 참여자들은 별칭 사용이 익숙한 터라 이름이 아닌 별칭을 붙여 구분했다. 사용된 별칭은 개인 정보가 드러나지 않게 하기 위해 참여자가 기존에 쓰던 별칭이 아닌 새로운 별칭을 임의로 만들었으며, 참여자는 새롭게 만든 자신의 별칭이 마음에 든다며 사용을 허락해주었다.

자해하는 청소년의 경험을 탐색하는 것은 인터뷰 시작 전부터 심리적 긴장감을 주었다. 교사나 보호자가 아닌 현상학적 접근의 내부자로서 인터뷰를 진행할 수 있을까, 청소년의 정서적·신체적 고통에 압도되는 느낌을 감당할 수 있을까, 인터뷰가 참여자들에게 자해를 자극하게 되지나 않을까 하는 걱정에 처음엔 악몽을 꾸기도 했다. 실제 인터뷰를 진행하는 과정에서 피를 뚝뚝 흘리고 살이 벌어지는 상황을 들을 때는 정신이 아득해지는 것 같았으며, 참여자들과 함께 눈물을 흘리기도 했다.

그러나 참여자들은 걱정하는 어른보다 먼저 기운을 차렸고 또래처럼 명랑함을 보이며 청소년답게 자신이 하고 싶은 이야기를 분명히 전달하고자 했다. 인터뷰를 이어가며 참여자들이 본래 가지고 있었던 자아의 건강한 모습을 보게 되면서 그들과 그들의 삶을 더 믿고 신뢰할 수 있었다. 자료를 수집하는 인터뷰 과정이 오히려 청소년의 자해 현상에 다가갈 수 있는 용기를 주었음을 밝히며, 참여자들에게도 인터뷰가 자신의 행동을 통찰하고 조절하는 힘을 주는 시간이 되었기를 바란다.

참여자를 소개하기에 앞서, 이들이 인터뷰에 참여해준 용기와 자료 수집에 기여한 선의를 존중하며 참여자의 삶 속으로 들어갔으면 좋겠다.

주제가 '자해'이므로 다소 자극적인 이야기가 나올 수 있다. 그러나 그것이 누군가의 흥밋거리로 소비되어서는 안 되며, 참여자들이 나눠준 귀중한 경험 중 하나임을 알아주었으면 좋겠다. 그런 의미에서 정현종 님의 시 「방문객」에 나오는 시어들처럼 '사람이 오는 것이고, 부서지기 쉬운 마음이 오는 것'이므로 '그 갈피를 더듬는 바람'처럼 이야기를 들어주기를 바라는 바다.

사람이 온다는 건

실은 어마어마한 일이다

그는

그의 과거와

현재와

그리고

그의 미래와 함께 오기 때문이다

한 사람의 일생이 오기 때문이다

부서지기 쉬운

그래서 부서지기도 했을

마음이 오는 것이다—그 갈피를

아마 바람은 더듬어볼 수 있을 마음,

내 마음이 그런 바람을 흉내 낸다면

필경 환대가 될 것이다

참여자 소개

바람 부모님과 두 살 차이 나는 형이 있는 스무 살 남자 대학생이다. 유치원 때부터 주로 혼자 노는 편이었으며 가지고 놀던 장난감도 친구들이 오면 양보하는 조용한 아이였던 것 같다. 형을 좋아해서 초등학교 2학년 때까지 형과 함께 학교를 다녔고, 그 이후로는 혼자 다니며 반 친구들과는 인사만 주고받는 사이였다고 한다. 그러다 4학년 때, 사소한 말이 빌미가 되어 잠깐 친구들의 놀림을 받았고, 그 일을 계기로 자신의 성격이 변하게 되었다고 했다. 성격이 변하게 된 바람은 친구와 놀고 싶기도 하고, 관심도 끌고 싶어 '튀는 행동'을 하게 되었고 더 나아가 놀림을 받던 친구를 '밀어내는' 일에 가담하기도 했다.

이때의 이야기를 회상하면서, 바람은 고개를 절레절레 흔들고 깊은 한숨을 쉬며 지금 생각하면 부끄러울 정도로 어리석었고 후회스럽다고 말했다. 그러나 놀림받던 친구에게 아직까지 사과를 하지 못했다는 자책감이 자신의 '튀는 행동'을 조절하게 해주었고 그 덕분에 중학교 때는 친구들과 잘 어울리며 지냈다고 한다. 그런데 고등학교에 진학한 뒤 친구들 사이에서 다시 불편함을 느끼게 되었으며, 겉으로 표현하지 못하고 참기만 하던 바람은 고등학교 1학년 때 호기심으로 자해를 시작하게 되었다고 했다.

바람은 스스로 자신을 올바른 사람이 아니고 사소한 것에 의미 부여하며 잡생각만 많이 하는 사람이라고 이야기했다. 하지만 이런 사람이 바람이기에 자신이 했던 행동들에 대해서 솔직하게 나눠줄 수 있었고 자라면서 경험했던 것, 자해하면서 했던 생각들도 구체적으로 전해주지 않았나 생각한다.

남들과 다르게 느끼고 생각하며 스스로 겪어 알고 있는 것들에 대한 바람의 이야기를 들을 수 있어 다양한 관점으로 접근하는 데 큰 도움이 되었다.

하늘빛 조부모님과 함께 살고 있는 고등학교 3학년 여학생이다. 하늘빛은 어떻게 자해를 시작하게 되었는지 기억하지 못하지만 처음 자해를 한 것이 초등학년 6학년 때인 것으로 추측하고 있다. 자해하는 이유는 하늘빛이 여섯 살 때 갑자기 돌아가신 아빠에 대한 그리움 때문이다.

하늘빛은 아빠와 함께한 추억이 많지 않지만, 하나하나 안 좋았던 것이 없고, 보고 싶어도 만날 수 없다는 사실에 견딜 수 없이 슬퍼질 때 자해를 한다고 했다. 아빠의 기일 전후 또는 주변에서 아빠를 떠올리는 이야기나 일들을 접하게 되면 그리움과 슬픔, 아빠에 대한 생각들을 자해하면서 멈추며 잠들고 싶다고 했다. 이제는 힘들어하는 자신을 바라보는 할머니에 대한 미안함으로 어떻게든 버려보겠다고 안간힘을 쓰고 있다. 다른 고3 아이들처럼 공부하고 학교생활을 하며 힘을 내고 있는 중이라고 했다.

하늘빛과 있다 보면, 하늘빛은 자기 이야기를 하기보다 주로 주변 사람들의 이야기를 듣고 공감하는 모습을 볼 수 있다. 하늘빛은 진심으로 안타까워하기도 하고 상대방과 함께 즐거워하며 웃기도 한다. 그러나 반대로 하늘빛 본인은 주변 사람들에게 자신의 이야기를 하지 않는 편이라고 했다. 자신의 슬픔과 괴로움으로 다른 사람이 힘들어하는 걸 보고 싶지 않을 뿐 아니라 힘들다는 걸 말하려면 왜 힘든 건지 말해야 하고, 그러려면 아빠의 부재와 죽음에 관해 이야기해야 해서 싫다는 것이다.

하늘빛의 휴대폰에는 젊고 잘생긴 남자분의 낡은 증명사진이 들어 있다. 아빠 사진이라고 했다. 하늘빛은 아빠에 대한 그리움을 마음속에 담아두고 티 내지 않으며 늘 밝게 웃고 자기가 할 일을 알아서 하면서 주변 사람들도 따뜻하게 챙기려 하고 있었다.

감자 이제 고등학교 1학년이 된 여학생으로 집에서는 외동딸이다. 인터뷰에 대한 글을 보고 감자에게 연락이 왔다. "대장님, 얼마 동안 자해를 해야 하는데요?" 감자의 문자를 보고 혹시나 하는 마음에 자해하는지 확인했고, 인터뷰에 참여하고 싶다는 이야기를 들었다. 감자는 친구 문제로 많이 힘들어하고 있었고 자해뿐 아니라 자살 시도를 반복할 정도로 괴로워하고 있었다. 감자를 끔찍이 아끼시는 부모님은 감자를 위해 입원과 개인 상담, 가족 상담을 병행하고 있었다. 감자의 경우 인터뷰보다 적절한 개입이 더 필요해 보여 옆에서 도우며 감자가 안정되기를 기다렸다. 그 와중에도 감자는 "대장님, 우리 언제 인터뷰해요?"라고 물으며 자신은 괜찮다고 빨리하자며 재촉하곤 했다.

감자가 힘들어하는 친구 문제는 중학교 3학년 때 일어났다. 상대편 학생들은 학교에서 영향력이 있는 편이었고, 일방적인 오해 때문에 감자에게 전화로 욕을 하고 소셜네트워크서비스로 험담을 시작했다. 감자는 무서웠고, 그 아이들의 공격성은 날이 갈수록 강해져 급기야 학교 복도에 감자를 무릎 꿇리고 뺨을 때리는 일이 일어났다. 이 일로 학교폭력위원회가 열리기도 하고 상대편 학생들은 징계를 받긴 했지만, 감자는 회복하기 힘든 상처를 입었다. 학교에 가는 것도 일상생활을 하는 것도 힘들어진 것이다.

그 뒤 감자는 중학교 3학년 말인 12월 내내 학교를 갈 수 없었고, 부모님과 함께 자신의 상처와 싸우는 기간을 보내야 했다. 그러나 기운을 낸 감자는 폭력을 가한 여학생들과 감자의 방황 때문에 곁을 떠난 친구들이 없는 다른 지역의 고등학교로 진학을 했고, 멀어서 힘들지만 "제가 선택한 거니까 생각하면서 버텨요" 하며 소식을 전하고 있다.

감자는 인터뷰를 하면서 다시는 자해를 하지 않겠다는 다짐을 여러 번 했으며 자신의 경험이 자해하는 다른 친구들에게 도움이 되었으면 좋겠다는 바람을 전하기도 했다.

냥이 현명하고 굳건한 부모님의 세 자매 중 막내로 올해 중학교에 입학했다. 처음 만난 건 냥이가 4학년 때였다. 그때는 냥이네 둘째 언니의 담임을 맡고 있을 때였는데, 언니를 찾아와서 교실 뒷문을 빼꼼히 열고는 "작은 언니 대장님이다"라며 웃었던 것이 냥이의 첫 모습이었다. 5학년 때는 냥이의 담임을 맡았었는데, 아침 일찍 와서 이것저것 학급 일을 도와주면서 잔소리도 잊지 않았다. 주로 다리 꼬지 마라, 커피 많이 마시지 마라 같은 담임의 건강을 걱정하는 말이었다. 냥이는 하루에 한두 권의 책을 뚝딱 읽을 정도로 책 속에 빠지기를 즐기고, 자신의 의견을 밝히는 데 주저함이 없었다. 그리고 짓궂고 거친 남자아이들에게는 기죽지 않고 맞서 싸우기도 하는 아이였다.

그런 냥이가 자해를 시작한 건 6학년 초여름 때쯤이라고 했다. 냥이네 반은 다른 반에 비해 거친 남자아이들이 많았다. 냥이는 그 속에서 남자아이들과 맞서기도 하고 무시하기도 하면서 조금씩 지쳐갔고, 사춘기를 맞으며 점점 힘이 세지는 남자아이들에게 이제는 이길 수 없는 신체 차이를 느끼게 되었다. 거기다 다른 여학생들과는 달리 단짝 친구를 만들기보다 독자적으로 행동하는 냥이의 특성도 어려움을 겪게 된 요인으로 보였다. 그럴 때 냥이가 의지할 수 있는 친구가 사과였다. 따로 단짝 친구를 두지 않던 냥이가 6학년이 되면서 사과와 더욱 가깝게 지내게 되었고, 그 뒤에는 함께 자해를 했다고 했다.

냥이는 지금 첫째 언니가 다녔던 중학교에 다니고 있다. 언니가 보던 책을 보고 싶어 가족 중 가장 일찍 집을 나선다는 소식을 냥이 부모님에게 전해 들었다. 가끔 만나면 냥이에게 자해에 관해 묻고, 냥이는 "대장, 다리 안 꼬죠?" 하며 묻는다. 확인 질문도 지는 법이 없는 냥이다.

사과　사과의 자해 사실을 알게 된 담임교사는 학교방문지원단에 의뢰하며 도울 방법을 찾았고, 사과가 인터뷰 대상자 되었으면 좋겠다고 추천해주었다. 사과는 "다른 샘이랑 하는 거는 부담스럽고 한데, 텔레랑 하는 건 좋아요" 하며 인터뷰에 응했다.

올해 중학교 1학년이 된 사과는 부모님과 언니, 오빠와 살고 있는 늦둥이 막내다. 부모님은 사과의 말을 잘 들어주시고 대학생이 된 언니와 같은 방을 쓰며 장난도 치고 수다도 떤다고 했다. 집 안에서 나는 말소리 대부분이 언니와 사과의 목소리라는 말에 학교와 다르게 활기찬 사과의 모습이 그려졌다. 학교에서 본 사과는 조용한

편으로 이야기를 시키지 않으면 목소리 듣기가 어려울 정도였으며 친구들과 갈등 상황을 만들지도 않는 아이로 보였기 때문이다. 하지만 사과 주변에는 늘 단짝 친구들이 있었고, 5학년 때 사과와 반이 달라진 친구는 같은 반이 안 된 걸 아쉬워하며, 1년 동안 쉬는 시간마다 사과네 반을 찾아가는 모습을 보이기도 했다. 사과가 친구들의 장난과 행동을 잘 받아주며 이해해주기 때문인 것 같았다.

하지만 사과는 자신이 친구들을 이해하는 만큼 존중받는 느낌을 받지 못하고 있었으며, 그래서 외롭고 힘들었다는 말을 인터뷰가 진행되면서 조심스럽게 꺼냈다. 집에서는 활발한데 학교에서는 친구들과 다툼이 생겨도 싸우거나 따질 수 없어 혼자 있게 되고, 친구 사이에서 생긴 고민을 집에서도 티 내지 않으며 혼자 버티는 것이 사과는 괜찮지 않다고 했다.

인터뷰를 하며 가까이에서 본 사과는 작은 목소리지만 또박또박 자신이 하고 싶은 이야기를 전하며 생각 또한 분명한 친구라는 것을 알게 되어 반가웠다. 인터뷰를 마친 뒤에도 "텔레, 우리 언제 만나요?" 하며 먼저 만날 것을 제안하고 근황을 묻는 질문에는 "요즘 안 했더니 그냥 잘 생각이 안 나나 봐요"라는 고마운 소식을 전해주었다.

02

대상화된
몸

대상화란 어떤 것을 인식할 수 있는 객관적인 사물이나 상태로 본다는 것을 의미한다. 즉, 인식하는 대상을 내 안에 존재하거나 나를 포함하는 것이 아니라 밖에 내어놓고 객체화해 바라보는 것이다. '내' 밖에 있는 대상은 객관적으로 바라볼 수 있으나 나와 거리가 먼 별 상관없는 상대가 되기도 한다는 말이다.

청소년기는 특히 신체적인 발달이 급격히 일어나고 이상적인 자아상을 추구하기 때문에 외모에 대한 관심 또한 증가하는 시기다. 그런데 인터뷰를 하며 처음으로 접했던 예상 밖의 이야기는 참여자들이 몸을 마치 자신과 다른 대상처럼 인식하고 있다는 사실이다. 참여자들은 고통받고 있는 마음 대신 겉으로 보기에는 '아무렇지 않아 보이는' 몸을 스트레스 해소 대상으로 택하고 있었다. 마음의 고통에 압도당해버리면 자해로 인해 가해지는 신체적 고통은 생각보다 크게 느껴지지 않는 것인지 남의 일처럼 무덤덤하게 전하는 모습이었다. 참여자들은 하나같이 **"아프지만 그렇게 많이 아프지 않다"**라고 말했다. 더 나아가 자신의 몸에 대해서 잘 모르고 있었으며 자신에 대한 부정적이고 혐오적인 느낌을 **'몸에게 화를 냄'**으로써 해소하고자 했다.

주체하기 어려운 심리적 고통을 푸는 대상으로 선택된 몸은 자해하기 전에는 달리기 시합 때의 말처럼 긴장하며, 자해할 때는 **'고삐풀린 망아지'**처럼 제어할 수 없는 대상이 되었다가, 자해로 부정적인 감정을 쏟아낸 뒤에는 조용히 축 처져버렸다고 했다. 참여자들의 경험에 의해 나 자신의 것이지만 내 안으로 통합되지 못하고 대상이 되어버린 몸의 모습이 자해하는 과정에서 드러나고 있었다.

아프지만 아프지 않음

이 인터뷰에 응한 참여자들은 주로 손목이나 팔을 칼로 긋는 자해 행동을 해왔다. 스스로 자신의 몸에 칼로 상처를 내면서도 참여자들은 통증을 크게 호소하지 않는 모습을 보였다. 거의 날마다 자해를 한 참여자도, 한 번 자해에 70번 손목을 그은 참여자도 **"그렇게 아프지 않아요"**라는 뜻밖의 말을 했다. 살살 해서 그런 것 같기도 하고 화나거나 우울한 마음에 울면서 해서일 수도 있지만, 자해할 때 극심한 통증을 느끼지 않는다는 이야기는 모든 참여자에게 들을 수 있는 말이었다. 피가 떨어지고 살이 벌어져서 응급실에 갈 정도로 심각한 상태에서도 자해 당시에는 통증을 느끼지 못한다고 했다. 자해하고 난 뒤에야 통증이 느껴지고 생활하면서 힘을 줘야 할 때나 물이 닿았을 때 따가움 정도로 느낀다고 했다. 이것은 참여자들의 몸에 대한 전반적인 인식으로 자신의 몸을 구체적으로 자각하는 데 어려움을 느끼며 몸에 대해 **'잘 모르겠다'**라는 이야기가 대부분이었다.

음… 울면서, 울 정도일 때는 그렇게 안 아파요._하늘빛

아프진 않아 가지고, 그냥 샤프랑 가위 둘 다 안 아파요._사과

약간 그때는 아프다기보단… 따갑거나 찢어진 느낌이 별로 없었어요… 하고 나면 이제 바로 직후에는 별로 안 아픈데 샤워할 때가 제일 따가웠어요. 운동할 때 손 힘쓰는 운동을 상처 벌어지니깐 그때가 가장 아파요._바람

아프긴 아픈데, 나중에 하고 나서 그 고통이 오는 거 같아요. 할 때는

우울하고 화나고 그러니까 모르는 거 같아요._감자

자해하면서도 아픔을 느끼지 못한다고 생각하며, 느끼더라도 뒤에야 느낀다고 했다. 그것은 자신의 정서적 고통에 때로는 압도당하거나 현재 느끼는 심리적 불편감을 해소하고 싶은 욕구가 앞서기 때문인 것 같았다. 하늘빛은 시험 기간이 되어서 공부를 해야 하지만, 기분이 자꾸 가라앉아 아무것도 할 수 없는 답답한 상태였다고 한다. 이 불편한 상태를 해소하기 위해 자해를 했고, 그 뒤에야 공부를 시작할 수 있었다. 또 다른 참여자인 감자는 우울하고 공허한 마음으로 괴로워하고 있는데 자신을 괴롭힌 친구들이 소셜네트워크서비스에서 즐거워하는 모습을 보고 참을 수 없는 마음에 자해했고 이것이 첫 자해의 기억이었다.

음. 그런 거 같아요. 그때가 시험 기간이었죠? 그러니까 시험 기간에 공부 진짜 해야 되는데, 집중도 너무 안 되고, 기분이 너무 다운되면은 자해를 해요. 하면, 그래도 쫌 하고 나서 한 20분, 30분이 지나면 되게, 뭐랄까? 인제, 진짜 아무 생각이 안 들어요. 그러면은 그때 이어폰 꽂고 공부를 다시 시작하는 거….._하늘빛

어… 침대에 혼자 새벽에 있었어요. 한 1시 2시?… SNS를 보다가 저를

꿇어앉힌 얘들, 얘들이 놀고 있는 걸 봤었어요. 아, 저는 공허하고 이렇게 힘든데 자기들 때문에, 얘들은 이렇게 잘 놀고 있는구나. 그런 기분이 들어서 칼이 딱 보이길래, 딱 손을 그었는데 피가 나는 거예요. 아, 그냥 너무 괴로운데 쟤는 잘 노니까 부럽고 질투 나고, 그랬죠. 그런 마음이었죠._감자

참여자들은 자해 순간을 이야기하면서도 통증을 호소하기보다 그때 몸 상태를 보이는 그대로, 마치 다른 대상을 보는 것처럼 이야기하기도 하고, 더 나아가서는 별다른 느낌을 받지 못한다고 했다. 사과는 자해할 때 피를 더 잘 모으기 위해 머리끈으로 팔을 묶고 긋는다고 했다. 그리고 자해를 하고 난 뒤 휴지로 닦고 머리끈을 풀면 피가 다시 통하는 느낌이 든다고 했다. 같이 자해를 하는 냥이는 학교에서만 자해를 했고, 쉬는 시간에 화장실에서 자해를 마치고 교실로 돌아가야 했기 때문에 시간이 없어 더 느끼지 못하는 것 같다고 했다. 몸에게 하는 자해지만, 정작 몸이 느끼는 고통은 중요하지 않았으며 고통을 받아내고 있는 몸에 대한 특별한 생각도 없어 보였다.

일단은 팔을 걷고 어, 머리끈 같은 걸로 팔을 조여 가지고 피를 모아서 해요. 그리고 그냥 바로… 팔의 피가 모아지니까 팔이랑 손이 되게 보

사과의 모래 상자 '몸 따로, 마음 따로'*

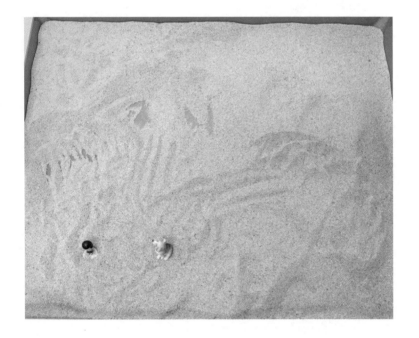

라보라해지고, 그리고 감각이 그게 좀… 음… 피가 더… 잘 나는 거 같아요. 자해하고 나면, 그 묶은 거를 풀어야 되잖아요. 풀면은 잠시 동안 거기에서만 피가 고여 있고, 몇 초 지나면은 피가 정상대로 흐르거든요. 그래서 별다른 감각은…._사과

자해하고 난 뒤의… 몸에 딱히 뭐 그런 변화는 없는 거 같아요. 막 따갑거나 그런 건 없어요. 많이 막 엄청 벌어지고 하는 것도 아니어서… 몸은 잘 생각을 안 해봐서… 모르겠어요._냥이

사과는 자해할 때의 몸과 마음을 모래 상자에서 86~87쪽과 같이 표현했다. 넓은 모래 상자 아래쪽에 작은 상징물이 두 개 있다. 왼쪽에는 굳은 표정의 여자아이가 있고, 오른쪽에는 다른 곳을 바라보는 강아지가 있다. 강아지가 마음이고, 여자아이가 몸이라고 했다. 강아지는 강아지라서 말도 못 하고 사람들에게 무시당해 정신적으로 힘들어하지만, 여자아이는 그걸 아는지 모르는지, 아무렇

---

* 인터뷰에서 모두 4명이 모래 상자를 만들었다. 모래 상자 사진을 덧붙인 이유는 참여자들이 겪은 심리적인 어려움이 주관적인 경우가 많고, 이것을 말로 표현하는 데 어려움이 있기 때문이다. 모래 상자는 모래와 상징을 통해 이를 구체적으로 표현할 수 있도록 돕는 역할을 한다. 그러므로 여기서 사용된 모래 상자는 해석을 통한 치유적인 기능보다 모래 상자를 매개로 자신의 경험에 관해 이야기하는 것을 촉진하고 구체적인 이미지로 직관적 이해를 높이는 데 초점을 맞추었음을 밝힌다. 그림 그리는 걸 좋아하는 참여자는 자신이 그린 그림을 보내주었다.

지도 않은 척하고 있다고 했다. 사과는 자신을 강아지라고 했으며 여자아이가 어떤 생각을 하고 있고, 어떤 상태인지는 모르겠다고 했다. 모래 상자를 통해 나눈 이야기에 의하면 몸과 마음은 따로 떨어져 있는 상태로 서로 잘 알지 못하고 있었다. 사과는 강아지인 자신의 정서적인 부분을 더 가깝게 느끼며 잘 인식하고 있었고, 여자아이인 몸은 단지 겉으로 보여주는 역할을 하고 있었다.

몸에게 화를 냄

하루하루 생활한다는 것은 외부 자극에 노출되는 것이고, 어쩔 수 없이 스트레스가 쌓이게 마련이다. 그러나 생각보다 건강하게 스트레스를 풀며 사는 사람은 많지 않다. 특히 학교에서 생활하는 청소년은 학습의 부담뿐 아니라 단체 생활이 가지는 특성상 또래와 교사들 같은 익숙하고 피할 수 없는 많은 수의 사람으로부터 지속적인 스트레스를 받으며 살아간다. 게다가 성인처럼 다른 사람의 눈치를 보지 않고 술을 먹거나 담배를 피우기도 어렵고, 하고 싶은 일에 시간과 돈을 쓸 수 있는 사회경제적 지위도 가지지 못 했다. 사실 성인이라고 해서 일을 하면서 충분한 휴식과 취미 생활을 하며 사는 것이 쉽지 않다.

하물며 성인과 다르게 신분의 제약으로 묶여 있는 청소년은 상대적으로 스트레스 푸는 방법을 찾는 것이 더 어려운 게 사실이다. 그래서 참여자들은 **'몸을 스트레스 푸는 대상'**으로 여겨 심리적 고통과 부정적인 감정을 표출하게 되었고, 반복되는 자해의 대상이 된 몸은 이제 **'벗고 싶은, 싫음 그 자체'**이면서 자기혐오를 표현하는 기제가 되었다. 사실은 **'자기 자신이 싫었던'** 마음을, 몸을 괴롭히며 처벌하고 있었던 것이다.

냥이는 한 명이 놀리기 시작하면 다른 아이까지 와서 시비를 거는 남자아이들과의 싸움에서 스트레스를 받았다. 더는 싸움을 할 수 없는 답답한 상황이 되면 자해로 풀고 있었다. 감자 역시 학생이라는 신분 때문에 자해 외에는 스트레스 푸는 방법을 찾기 어려웠고, 사과는 마음에 비해 몸은 별로 힘들어하지 않는 것 같아 몸이 마음의 스트레스를 푸는 대상이 되었다고 했다.

일단은 그 남자애들이 6학년 되면서 놀리거나 하는 정도가 강도가 세지고 그러다 보니까 스트레스가 쌓이고 그런 게 있다 보니까. 하고 나면은 뭔가 쌓여 있는 게, 마음에 짜증 나는 게 살짝 풀리는 거 같고, 스트레스나… 그게 하고 나면은 뭐라 해야 되지? 스트레스를 푸는 요소? 몸이 그런 푸는 방법이거나 푸는 대상인 거 같은…._냥이

스트레스를 푸는 곳이 없으니까 그렇게 되는 거 같아요._감자

음… (침묵) 스트레스를 풀 방법이 없어서… 딱히 몸은 별로 안 힘들어서? 어, 몸은 스트레스를 받아도 그렇게 힘들지는 않아서… 스트레스 해소… 대상._사과

이렇게 몸이 스트레스를 푸는 대상이 되면서 자해는 힘든 마음의 상태를 순간적으로 벗어나게 도와주었다. 몸은 감정을 처리하기 어려울 때, 자해라는 연결 고리로 마음의 고통을 벗어나게 해주는 도피처가 된 것이다. 하늘빛은 할아버지와 할머니가 다투시는 걸 보며 마음이 괴로웠다고 했다. 자신의 자해를 알고 걱정하시는 할머니가 불쌍하고 죄송해서 밖으로 나왔다. 벤치에 앉아 있다가 집으로 돌아갔지만, 여전히 마음은 가라앉지 않았다. 그래서 하늘빛은 '도피처'인 몸에 자해를 했고 그제야 잠을 잘 수 있었다.

벤치에 앉아 있다가… 한 10시쯤에 집에 들어갔죠. 할아버지는 들어갔고, 할머니는 인제, 할머니가 카톡을 보냈단 말이에요. 어디냐고… 그것도 너무 슬픈 거예요. 그래서 그때, 그냥 방에 들어가서 인제 네. 칼~ 그랬죠. 음. 긋고 또 테이프를 붙였죠. 할머니한테 들키면 안 되니까. 테이프를 붙이고, 네. 잤어요. 그냥 그거 하고 나면 자요._하늘빛

몸에 자신의 부정적인 정서와 불편감을 표출하다 보니 몸은 점

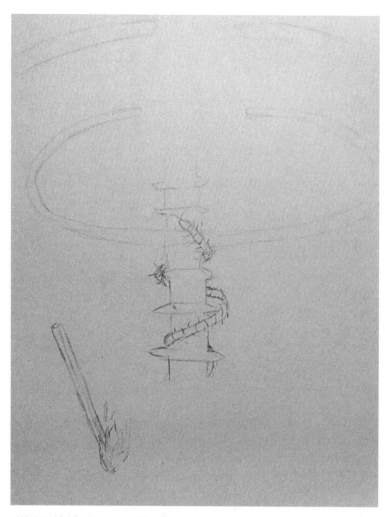

바람의 그림 '밥을 먹고 토하거나 굶었을 때'

점 더 싫어지고 함부로 대해도 되는 대상이 되어버렸다. 몰려오는 수치심과 분노, 억울한 마음과 후회로 '마음에 수도 없이 화를 내다' 마음이 더는 견디지 못하니 이제는 몸에 화를 내기 시작했고 어느새 점점 더 강하게 몸을 학대하고 있었다.

감자는 학교폭력의 영향으로 자아에 깊은 손상을 입었고, 수치심을 견디기 힘들어 해열제 한 통을 다 먹고 응급실에 간 적도 있다고 했다. 그리고 낮아진 자존심만큼 몸이 벗어버리고 싶을 정도로 싫어졌다고 했다.

> 뭔가 자꾸 죽고 싶게 만들고, 그래서 약도 먹어봤어요. 응급실도 가봤고… 자존심이 떨어지니까 애들 사이에서, 수치심이라고나 할까? 나는 왜 이렇게 살아야 될까? 몸은… 벗고 싶은… 싫음 그 자체였던 거 같아요. 마음에다가는 셀 수 없이 화냈으니까._감자

바람은 손목 자해를 하지 않을 때는 밥을 먹지 않고 며칠을 지내며 위를 괴롭히는 것으로 마음의 힘듦을 해소했다고 했다. 그러다 밥을 먹으면 먹은 것을 토해내고 토할 때는 성냥에 불이 붙는 것처럼 머리에 피가 쏠리는 기분이었다고 했다. 마치 식도를 타고 지네가 기어오르는 것 같은 몸의 혐오감을 느꼈다고 했고, 바람은 그 느낌을 연필 그림(92쪽)으로 표현했다.

개인적으로 밥을 먹었다 안 먹었다 이렇게, 정신적으로 더 큰 거 같아요… 저는 손목 자해를 깊게 하는 편이 아니라서. 계속 밥을 먹다가 안 먹다가 하니까 위가 이상해지잖아요. 그래 가지고 가끔씩 토할 때도 있고, 그리고 좀… 가끔씩 그게 반복되다 보니까, 아니 자주 반복되다 보니까 언제 밥 먹었지 하는 생각을 안 할 때도 있어요… 손목 자해하고는… 자학… 그게 공통점인 거 같아요._바람

밥을 먹고 토하거나 굶었을 때를 뼈, 성냥, 지네로… 그 토할 때 머리로 피가 쏠려서…._바람

'벗어버리고 싶은, 싫음 그 자체'인 몸을 학대하면 할수록 해결하지 못한 지난 일들이 더 강하게 떠올랐다. 거기다 누구나 가지고 있는 가족 문제, 친구 문제, 진로 문제 같은 오랜 성장 과제는 어려운 숙제처럼 차곡차곡 쌓이면서 감당하기 힘든 무게로 다가왔을 것이다. 그리고 괴로운 기억 속에 사실은, 그 상황에 적절히 대처하지 못한 작고 초라한 자신의 모습이 있었고, 참여자들은 그런 자신이 싫어졌다고 했다.

사과는 자해하는 자기 모습을 깜깜한 곳에서 쪼그리고 앉아 있는 사람으로 떠올렸다. 그 사람은 자존감이 낮아 늘 그렇게 습관처럼 쪼그리고 앉아 있다고 했다. 바람은 평소처럼 생활하다가도 문득 초

등학교, 중학교 때 했던 후회스러운 일들이 떠오르면 자기혐오감을 느꼈고 자해를 하며 자신을 폄하했다고 한숨을 쉬며 말했다.

깜깜한 곳에서 어떤⋯ 검은 사람이 앞에 뭐가 있듯이 보고 있는데, 이 게, 어, 쭈그려서 앉아서 보고 있어요. 그렇게 앉는 게 습관이 돼서⋯ 음. 자존감이 낮아지는 그런 생각⋯ 자신을 별로 좋아하진 않아요._ 사과

솔직히 아무 일도 없었어요. 그냥 조용하게 있었던⋯ 평소처럼 그냥 몇 명 몰려서 PC방 갔다가 헤어졌는데, 갑자기 문득 그때 중학교 때 일 기억이 나서, 초등학교하고⋯ 그때부터 약간⋯ 자기혐오감⋯ 자해 를 하고 나면 상처가 일단, 자신을 폄하할 거 같아요._바람

제 자신이 싫어서? 애들한테 하도 욕을 먹다 보니까, 제 자신이 뭔가 싫어졌어요. 진짜 못나 보이고, 그거밖에 안 되는 애 같고, 주변 사람 영향이 큰 거 같아요._감자

고삐 풀린 망아지처럼 날뛰다가 축 처짐

자해하기 전, 참여자들은 몸의 긴장과 흥분을 느낀다고 했다. 가

습속에 정리되지 못한 불편함과 부정적 정서를 담고 **'몸이 부들부들 떨리는 것'**을 느끼며 자해로 풀어내기 위해 준비를 한다고 했다. 자해하는 동안 **'차갑게 몸은 긴장'**하고, 숨을 멈췄다 쉬면서 자해를 마치게 되면 **'몸은 축 처져'** 들끓던 감정과 엉켜 있는 복잡한 생각들이 정리되는 기분을 느꼈다고 했다.

냥이는 자신의 몸이 어떤지는 잘 모르겠지만 자해를 하고 나면 괜찮아질 거라는 기대가 있었다. 그래서 재미있을 것 같은 생각이 들고 흥분이 되어 몸이 떨리는 경험을 했다고 한다.

또 다른 참여자인 바람은 자해하는 몸은 '바이러스 걸린 컴퓨터'처럼 제어되지 않아 의식은 하고 있지만, 충동에 휩싸이며 생각이 돌아버리는 것 같다고 설명했다.

감자는 불안하고 절망스러운 마음에 온몸을 부들부들 떨며 자해를 한다고 했고 그 모습이 마치 고삐 풀린 망아지 같다고 묘사했다. '고삐 풀린 망아지'…. 자해할 때 감자는 자신을 통제할 수 없다고 보고 있어, 심리적으로 또 신체적으로 위태로움이 느껴졌다.

자해할 때 몸은 뭔가 되게 떨리는데도 좀 뭔가, 살짝 흥분되거나 그런 거 같아요. 뭐라 해야 되지… 뭔가 하는 게 조금 재미있을 때도 있고… 그냥 그런 게 느껴지는 거 같아요. 자세히는 모르겠어요._냥이

바이러스 걸린 컴퓨터… 어… 원래 사람이 그, 뇌로 행동하는 거잖아요. 자해도 할 때 자신이 인지하고 하는 거니까 무의식으로 거의 하지 않을 거 같아요. 어… 좀 생각이 돌아버리거나 하는 거 같아요. 내 몸이 아닌 거 같은… 가끔 가다 충동이 심하게 되면 그럴 때 많이 있었어요._바람

자해할 때 저는 울고 있어요… 그리고 칼을 들고 손목을 쳐다보다가 자해를 하게 돼요. 몸은 떨리는 거 같아요. 뭔가 불안하고 절망스럽고, 답답하고… 자해할 때는 뭔가 말하기 힘들 정도로 괴롭다…라는 거 같아요. 그런 거 같아요. 몸은 그냥 계속 떨리는 거 같아요. 그때 막 환청도 들리고 계속 부들부들 떨리고 막 온몸이 어떻게 주체할 수 없는 상황이니까._감자

그렇게 떨리던 몸은 자해하는 순간 긴장감으로 차갑게 멈추는 것 같았고, 긴장하자 머릿속이 하얘지면서 손발에는 차가운 느낌이 들었다고 한다. 여기에는 자해로 인한 긴장감과 주변 사람들에게 들킬 것 같은 불안한 마음도 섞여 있는 것처럼 보였다.

그냥… 모르겠어요. 그걸… 하면 머리가 그냥 그거 있잖아요. 긴장하면 하얘지는…._하늘빛

손이랑 발이 차가워져요. 손에 땀 같은 거, 식은땀이 흐르고 긴장하고 숨 참고 그러다 보니까… 들키면 안 되니까._바람

그날의 자해를 마치고 나면 참여자들은 생각보다 덤덤하게 마무리를 한다고 이야기했다. 휴지로 피를 닦고, 약을 바르거나 살구색 테이프를 붙이거나, 피가 마르기를 기다리며 손목을 포개고 잠이 들기도 한다.

하늘빛은 자해 후 축 처지는 기분을 느끼며 잠든다고 했고, 냥이는 마음속에 쌓인 것이 조금은 풀리면서 일시적으로 평온함을 느낀다고 이야기했다.

감자의 표현이 생생하게 다가왔는데, 감자는 자해하기 전에는 심리적으로 압도되어 달리기 직전의 말같이 흥분되고 자해할 때는 고삐 풀린 망아지처럼 제어할 수 없는 지경이 되었다가 자해를 마치면 축 처진다고 자해를 이어지는 과정으로 설명해주었다.

하고 나면은… 그냥 축 처져요._하늘빛

뭔가 살짝 평온해지고… 하고 나면은 뭔가 쌓여 있는 게 풀리고 마음에 짜증 나는 게 살짝 풀리는 거 같고, 스트레스나… 살짝 편해지고 그런 게 있는 거 같아요…._냥이

자해하기 전 몸 상태는 뭔가 아직 준비가 안 된, 달리기 시합하기 전의 말 같은, 뭔가 흥분되고, 몸이 떨리고 그런 상태… 자해할 때는 고삐 풀린 망아지… 딱 그거 같아요. 미친 듯이 날뛰는 거, 자해하고 나면 축 처져서…._감자

03 |

기댈 데가 없는
나

자해하는 청소년에게서 혼자라는 고립감을 흔하게 볼 수 있었다. 자해하는 곳은 주로 자기 방이거나 화장실, 때로는 인적이 드문 놀이터로 아무도 없는 곳에서 비밀스럽게 이뤄지며 자해 후에는 상처를 감추기 위해 노력하고 있었다. 자해 사실이 주변 사람들에게 밝혀지면, 가족과 친구들은 자해 흔적에 놀라고 당황스러워하며 **"너 그거 왜 해?"** 같은 반응을 먼저 보였다고 한다. 참여자들에게 이런 반응은 자해에 대한 질책으로 받아들여졌던 것 같다. 자해까지 하며 견디는 자신의 어려움을 묻고 진심으로 공감하기보다 자해를 제지하고 또 할까 봐 감시하는 모습으로 느껴졌다고 했다.

참여자들은 주변에 왜 자해를 하는지, 이유에 대해 편하고 솔직히 말하는 것을 어려워했다. 가족이나 친한 친구들이 자세히 묻는 것도, 지속적으로 관심을 쏟는 것도 부담으로 다가와서 '**더 숨기게 되는**' 결과를 초래하고 있었다. 그런 참여자들의 모습에 가족과 친구들은 어떻게 대해야 할지 혼란스러워했으며 참여자들의 자해는 비밀스럽게 이어지고 심각해지는 반면 주변의 반응은 점점 더 그러려니 하며 관심이 줄어드는 모습을 보이고 있었다.

다른 사람에게 기대지 않고 불편한 감정을 혼자 삭히려 해보았지만 쉽지 않았다. 외부와 다른 사람으로 인해 생긴 부정적 정서를 남에게 풀 수 없다고 생각한 참여자들에게 다른 방법을 찾는 것은 어려운 일일지 모른다. 그래서 자신이 할 수 있는 '**최선의 방법**'으로 혼자 자신을 위로하고 조용히 해결할 수 있는 자해를 선택했고, 그로 인해 더욱더 고립되어가는 모습을 볼 수 있었다.

그거 왜 하냐는 시선들

보호자들은 자녀의 자해 사실을 알고 있었다. 특히 중고등학생을 둔 보호자는 아이가 자해하는 걸 알고 놀라고 걱정스러운 마음을 진정하기 힘들어했다. 상담할 때 아이들과 나눈 이야기는 비밀을 지킨다는 것을 당연한 원칙으로 삼고 있다. 그래서 보호자는 참여자들과의 인터뷰 내용에 대해서도 자세히 묻지는 않았지만 어떻게 하면 좋을지, 뭐가 문제인지 혼란스러워하며 방법을 찾고 도움을 구했다. 놀라고 당황하게 되면 흔히 위로와 지지가 필요한 상황에서도 "힘들지? 얼마나 아팠겠어?" 하는 정서적 공감보다는 자해를 중단시켜야겠다는 생각에 "그런 거 왜 해? 또 할 거야?" 같은 비난과 걱정이 앞서기 마련이다. 그래서 청소년은 주변 어른들의 걱정하는 마음을 온전히 받아들이지 못하고 있었다. 그저 **'하지 말라'** 고 제지만 하는 사람으로 볼 수밖에 없었고, **'진심으로 걱정하지 않는'** 것으로 받아들여 크게 도움이 되지 못하고 있었다. 게다가 반복되는 자해에 가족과 친구들은 무뎌지며 **'또 했냐는 그러려니 하는'** 반응을 보이기까지 했다고 한다.

할머니는 하지 말라고 하시고, 타이르는 거 같은데… 할아버지는 말 없으시고, 모르는 체하시고._하늘빛

언니는 그냥 남아 있는 상처 치료해주면서 왜 했냐고 안 아팠냐고 막 그러면서 그랬는데, 뭐라고 하는 투로. 그래 가지고 기분이 나빴어요…._사과

언니들은 모르는데, 엄마는 그냥 하지 말라고 하고 다른 걸 하라고만 하고, 그러고… 네, 좀, 싸늘해지신 화나신 눈빛 좀 그러셔 가지고 저도 좀… 뭔가 싸움을 하는 방법을 못 찾고 그러다 보니까 이걸 자해로

푸는 건데 모르면서 계속 그러는 게 뭔가 답답하고 그럴 때도 있고…_ 냥이

자해를 하고 나서 1년쯤 후에 부모님한테 들켰어요. 고등학교 1학년 초에 시작하고. 한동안 감시받는 느낌…._바람

청소년은 자신이 힘들다는 걸 진심으로 이해해주기를 바라고 있었지만, 자세히 묻고 다가오는 것에는 거부감을 보였다. 게다가 친구와 대부분 어른 역시 자해하는 청소년을 어떻게 대해야 할지, 무엇이 도움이 될지 혼란스러워하고 있었다. 자해 청소년은 자해가 가지고 있는 파괴적인 특성 때문에 혐오감을 표현하거나 절망스러워하는 사람들도 주변에 있다고 했다. 그때마다 그들은 자신들의 고통을 진심으로 걱정하고 있지 않다는 느낌을 받았다고 말했다.

사과가 자해할 때 친구인 쿠키(별칭)와 보리(별칭)가 자주 옆에 있었다. 자해하는 사과를 보며 쿠키는 징그러워했고, 보리는 혐오하는 것 같아 보였다고 했다. 감자와 바람은 선생님들의 형식적인 반응이 서운하게 느껴지고 오히려 신뢰하기 어려워졌다는 이야기를 들려주었다.

쿠키는 별로 싫어했던 거 같아요. 어, 쿠키는 가위로 하는 것도 샤프로

하는 것도 칼로 하는 것도 다 봐 가지고 되게 어, 징그러워해야 되나? 피를 무서워한다고 해야 되나? 보리는 자해한다고 말했는데, 어, 그때만은 혐오하는 거 같고, 언제는 몇 번씩 막, 요즘은 자해 안 하지 이러면서 부담을 줘요._사과

선생님 아세요. 하면 너희 부모님만 힘들어지신다, 그만해라. 솔직히 따뜻함은 못 느끼겠어요. 그냥, 제가 죽을까 봐, 반에 무슨 일 생길까 봐 그러는 느낌. 피해갈까 봐._감자

자해를 들켰을 때가 선생님이었어요. 선생님은 이런 거 하지 말라고 했고… 그때 설문지가 날라왔어요. 장난식으로 부정적인 걸 다 체크했는데, 그래 가지고 상담 선생님한테 불려서 갔는데, 그때부터 좀 더 부정적인 게 된 거 같아요… 그다음부터 선생님이 뭐라고 하셨냐 하면 이거 다 장난이지? 안 그러면 다 저기 방송사에서 막 촬영하러 온다고 해 가지고, 하, 선생님도 믿을 게 못 되는구나….._바람

자해가 가지고 있는 기능 중 하나가, 대인 관계에서 다른 사람의 관심과 도움을 유도하고 불편한 상황을 회피하며 자신의 역할과 책임에서 벗어나게 해준다고 한다(Nock & Prinstein, 2004)는 것이다. 그러나 주변의 관심을 끌기 위한 자해는 생각보다 많지 않으며 참

여자들은 이런 시선을 불편해했다.

바람은 감추려고 해도 친구들이 멋대로 팔을 들추며 상처를 드러내서 무례함을 느꼈고, 주변 친구들은 처음엔 걱정하며 말리다가 서서히 "또 했냐?"며 대수롭지 않아 했다. 냥이는 친구가 과한 반응을 보일 때나 자해를 확인하는 질문을 받을 때 불편하다고 이야기했다.

쿠키하고 보리는 뭔가 살짝 막… 뭐라 해야 되지? 반응을 너무 크게 하고, 또 했냐는 듯이 막 그러고 되게 그렇게 말해 가지고 그런 게 살짝 불편해요. 말하기가 좀 힘든 거는 있어요._냥이

제가 자해를 했을 때, 애들이 하지 말라고 말리다가 서서히 계속 그렇게 되다가, 아, "또 했냐?"라는 식으로 이제 그렇게 흔해지니까 애들이 가끔씩 손 감추려 들거나 얘기 안 하려고 들면 이렇게 팔 멋대로 걷을 때도 있고…._바람

더 숨기게 됨

자신의 자해 행동을 충분히 이해받지 못한다고 느끼고, 주변에서 자해를 못 하게 하는 압력을 받으면서 참여자들은 자해를 더 숨기

냥이의 모래 상자 '깊이'

게 된 것으로 보였다. 주로 자해 상처가 드러나 주변에서 알게 되는데 자해하는 이유가 무엇인지, 언제 자해를 했는지, 또 할 것인지 묻는 질문이 그들을 압박했다고 한다. 그래서 '숨기고 안으로 들어가' 다른 사람에게 방해받지 않고 자해로 위안을 받고자 했으며 그러기 위해서는 '들키지 않을 정도'로 자해를 조절해야 했다. 참여자들의 보호자는 비교적 자녀에게 관심이 많고 자해를 하지 않도록 적극적으로 대처하는 분들이었다. 그럼에도 불구하고 '가족한테 말하기 힘들다'며 차라리 익명의 가까운 사람에게 자해에 대해서 말하게 된다는 것이다.

하늘빛은 처음에 친구들이 물으면 친한 몇 명에게는 말을 했다. 그러나 지금은 '알리고 싶지 않아서' 더 숨기게 되었다고 한다. 바람은 감추려 했지만 생활하며 무심코 드러날 때가 있어 부모님이나 친구들이 알게 되었다고 이야기했다.

근데, 이전 자해에서는 다른 건 모르겠고, 이전 사람들이 알았어요. 할머니, 할아버지도 다, 아, 할아버지는 몰랐다. 그러니까 친구들한테 들켰을 때, 그냥, 어, 제 기억이 맞는지… 음. 주변 친구들이 지금은 아무도 모르잖아요. 이거를. 그때는 사실 두세 명 정도는 알고 있었던 거 같아요… 일단 지금 더 숨기는 거는 알리고 싶지 않아서… 음… 그때는 왜 말을 했을까요? 2명? 2명 정도, 제일 친했던 친구들과 놀면서 들키게 되면, 이 뭐야가 나오게 되잖아요. 그러면 그때는 그냥 말을 했던 거 같아요. 음… 그랬던 거 같은데…._하늘빛

그냥 인사하거나 그럴 때, 손 들어 올릴 때, 샤워하고 나왔는데 그냥 좀 옷 벗은 상태로 나와서 그 잠자고 이럴 때는 반팔…일 때 부모님은 아셨어요. 일부러 보여준 적은 거의 없었던 걸로 아는데… 감추는데 드러나서…._바람

냥이는 모래 상자(106~107쪽)로 '깊게 들어가 숨으려고 하는' 마음을 표현했다. 오른쪽에 보이는 산은 돌이 많고 깊은 곳으로, 냥이는 그 속에 마음과 몸을 살짝 숨기고 싶어 했다. 왼쪽 우물은 깊이가 얼마나 되는지 모를 정도로 깊어 더 깊게 들어가 숨으려고 하는 느낌이 든다고 했다. 냥이는 그렇게 혼자가 되면 외로울 것 같기도 하지만 편할 것 같기도 하며 이곳이 평화롭고 조용했으면 좋겠다고 했다. 이렇게 숨고 안으로 들어가고 싶어 하는 냥이와 인터뷰를 하는 것이, 냥이에게 힘들지 않을까 걱정되어 다음 만남에서 어떤지 조심스럽게 물어보았다. 냥이는 몸을 뒤로 약간 제치고 한쪽 팔을 옆 의자 등받이에 걸치는 특유의 자세로 "별로 안 힘든데… 아니, 말하기 편한데…" 하며 무심한 듯 대답했다.

참여자들은 숨기고 싶은 마음에 자해를 조절하기도 했다. 자해

후 남은 흉터 때문에 들키는 경우가 가장 많았고 그래서 사과는 여러 번 긋고 싶지만, 엄마가 알게 되면 혼날까 봐 그렇게 하지 못한다고 이야기했다. 흉터 외에도 자해 후 사용한 휴지나 칼 때문에 자해 사실을 들키게 되는 경우도 있었다. 하늘빛은 피를 닦고 휴지를 쓰레기통에 버리는데, 방 청소를 해주시는 할머니가 보시게 될까 봐 자해 정도를 조절해야 한다고 했다. 계속 자해하는 걸 할머니가 아시면 마음 아파하실 것을, 하늘빛은 걱정하고 있었다.

오늘은 몇 번 할지… 몇 번 그을지… 되게 아직 흉터나 상처가 남으면은 많이를 잘 못 하거든요… 근데, 저는 여러 번 많이 그어 가지고, 흉터 많이 생기는데… 엄마한테 걸리면 혼나니까._사과

그러면은 어… 인제… 이게 아무 생각을 없게 해주긴 하는데, 뒤처리가 할머니가 또 그러다 보니까 피가 너무 이렇게 많이 나버리면 뒤처리가 힘들겠다 싶을 때 멈추는 거 같아요. 피를 닦거나 뭘 묻히거나 그러고 나서 버리면은 제 방 쓰레기통이잖아요. 그래서 그걸 최대한 줄여보겠다… 근데 최대한 할머니가 안 볼 수 있을 만큼의 이제 그, 정도의 뒤처리 정도가 나올 수 있게._하늘빛

청소년은 확장된 자율성으로 어른처럼 대우받기 원하지만, 보

호자는 늘 어린아이 같아 보여 자녀의 성장을 충분히 신뢰하지 못한다. 이로 인해 청소년은 보호자와 관계를 재구성하는 데 어려움을 겪게 되며, 서로 소통과 교류에 만족감을 얻지 못하고 있었다. 그래서 자해하는 사실도, 자해하는 이유도 보호자와 가족에게 알려지는 것을 꺼렸고, 오히려 친구나 가까운 거리에 있는 익명의 사람에게 털어놓고 싶어 했다. 친구나 익명의 사람에게 말하면 보호자에게 알려지지 않을 것 같기 때문이라는 말이 인상적으로 들렸다.

일단 엄마나 아빠한테 얘기하면은 뭔가 일이 좀 더 커질 것 같고, 언니들한테는 말해도 별 도움이 안 될 것 같고, 그래 가지고 일단 가족한테는 말하는 게 힘들 것 같고, 차라리 모르는 사람한테 말하거나 다른 사람한테 말하는 게 좀 더 나을 것 같아요. 좀 부모님은 그거에 대해서 더 자세하게 막 알려고 들어오려고 할 것 같고… 자세하게 알려지고 싶진 않은데, 알려고 하면은 짜증 나니까… 잘 모르겠는데, 그냥 제가 뭔가, 말하다가 갑자기 중간에 뭔가 말하고 싶지 않다고 느껴질 때가 있는 것 같아요._냥이

부모님이 알면은 더 커질 것 같고, 언니나 오빠가 알면 뭔가 부모님한테 말할 것 같고… 차라리 믿을 수 있는 친구나 아니면 아무것도 모르는 근거리 익명의 사람한테 말하는 게 더 좋을 것 같아요._사과

혼자서 하는 최선의 방법

참여자들은 고통을 겪으면서도 주변 사람들에게 도움을 청하지 않은 채 '**기대고 싶지 않다**'고 했다. 자신의 고통을 충분히 이해할 것 같지도 않고, 지속적인 관심은 오히려 부담이 된다는 것이다. 다른 사람과의 갈등이나 풀리지 않은 정서적 고통을 '**혼자 삭히고자**' 노력했으며 상대에게 표현하고 해소하는 방식은 참여자들에게 익숙하지 않아 보였다. '**남한테 할 수 없으니 나**'를 향하는 자해는, 자신의 고통은 자신이 가장 잘 알고 있다는 전제하에 '**다른 방법을 찾을 수 없는**' 상태에서 몸은 자신만이 가지고 있는 고유한 영역으로 적당한 자해 대상이 되었다. 그러므로 그들에게 자해는 아무에게도 알리지 않고, 피해를 주지 않으면서 정서적 어려움을 해결하는 방법인 것이다.

하늘빛은 기분이 다운된다고 느낄 때 자신의 감정 때문에 다른 사람이 영향을 받지 않길 원했다. 미안하기도 하고 왜 다운되는지 말하고 싶지 않기 때문이다. 더 나아가 의지하고 싶은 마음으로 기댔다가 그 사람이 없어지면 어떻게 하나 하는 불안함이 하늘빛의 마음속에는 있었다. 좋은 추억만 남기고 갑작스럽게 가버린 하늘빛의 아빠가 떠오르는 이야기였다.

감자는 방황하는 자신 곁에 남아 있는 부모님과 친구 덕분에 자해를 중단하고 있는 중이라고 했다. 그래서인지 자해를 지속하던 때와 멈추고 주변을 돌아볼 때의 이야기를 비교하며 해주었다. 혼자라고 느끼지만 찾아보면 그렇지 않을 거라는 감자의 이야기가 다행스럽게 여겨졌다. 또 다르게 바람은 친구들을 신뢰하기 어려워 의지하지 않을 정도의 선을 두고 있다고 했다.

어, 제 감정이 다른 사람에게 영향을 주지 않았으면 좋겠어요. 만약에 제가 막 다운일 때, 제가 좀 티가 좀 나요? 굳이 친구들이 이 일을 알고 막 같이 막 이렇게 위로해주고 그런 건 안 했으면 좋겠어요. 미안하잖아요. 미안하기도 하고 말하고 싶지 않기도 하고… 제 감정이 다른 사람들에게 영향을 주는 게 싫어요._하늘빛

네. 내가… 근데 또 새롭게 그러면 제가. 아… 제가 의지… 한다고 해야 되나. 그러면… 또 그 사람이 없어지면 어떡하지… 안 기대고 싶어서… 그냥 혼자서 정리하는 게 젤 큰 것 같은데…._하늘빛

저도 혼자다라고 믿었는데, 찾아, 찾아보지도 않아놓고 혼자라고 판단하기에는 이를 거예요, 아마… 가까운 사람한테 미안할까 봐, 피해 갈까 봐, 속상해할까 봐 이런 것들이 있는 것 같아요… 남을 배려해주는 거죠. 자기 딴에서는…._감자

약간 좀 너무 뭔가 좀 기댈 게 없어 가지고… 친구들이나… 근데 솔직히 그렇게 친구들이 믿음직스럽지 않아서._바람

… 솔직히 없죠… 의지하고 싶은… 솔직히는. 네. 없, 없는 것 같아요. 있어도 말 안 하고… 그 사람도 그 사람의 삶이 있을 텐데… 그렇게 친한 친구가 아니면 그냥 힘내라 이 말 하고 좀 멀어지는 그런 관계라 해야 되나, 그런 것 같아요. 좀 사정이 딱하거나 동정을 주고 싶지만 가까이하고 싶지 않다. 선을 두는 것 같아요._바람

다양한 스트레스 상황에서 대처하는 모습은 참여자마다 달랐다. 괜찮은 듯 밝은 겉모습으로 감추기도 하고, 비난이나 오해를 묵묵히 받아내기도 했다. 때로는 부딪혀 싸우려다가 멈추고 스트레스를 삭히는 모습이 보이기도 했다. 그러다 보니 참는 것이 일상이 되어 참여자들의 내면에 쌓이고 있었다.

하늘빛은 아무에게도 알리지 않고 자기 방에서 조용히 해결하고 있었고, 이전엔 당차게 싸우던 냥이는 이제는 참는 척하고 있지만, 스트레스를 해소하기 어려웠다고 했다.

바람은 주변 친구들에게 피해가 갈까 봐 참다 보니 인내심만 늘었다며 헛웃음을 지었고, 참고 있는 것이 언제, 어떤 모습으로 터질지 몰라 걱정하고 있었다.

… 아무한테도 안 알릴 수 있는 거. 그게 혼자 삭힐 수 있는 것 같아요._하늘빛

그때는 뭔가 되게 화내고 그랬던 걸로… 뭔가 풀릴 때도 있었고, 그랬던 걸로… 지금은 앞에서는 그냥 참는 척하는데 지나고 나서 그냥 뭐 자해하고 그러는 것 같아요._냥이

기억은 안 나는데, 분명 잘못한 건 내가 아닌데 그거에 대해서 친구가 너무 화내는 느낌이라… 애들도 주변에 죄 없는 다른 애들도 피해를 받아서 짜증 나는 느낌이라 근데 그리고 내가 피해를 주는 애들한테 화를 낼 수 없는 것 같고 좀 아무한테도 화내지 않고 혼자서 커버하는…._바람

공격하지 않게 됐다기보다는 그냥… 진짜 참는 양만 늘었어요. (헛웃음) 그리고 언제 터질지 모를 것 같아서… 이게 만약에 술 먹다가 터지면 어떻게 하지… 감정이 격해지면… 정말 어떻게 해야 될지 모를 것 같아요._바람

외부에서 자극이 올 때 유기체는 자신의 항상성과 긍정적인 상태를 유지하기 위해 조절하려는 경향이 있다. 그렇지 않다면 불안정

한 상태와 불편함을 겪는다는 걸 알고 있기 때문이다. 신체적 컨디션뿐 아니라 정서적 부분도 마찬가지다. 그에 따라 자극에 대한 자동화된 반응이 반복되면서 마음의 '습관'으로 패턴화되어가고 있었다. 이 패턴이 결과적으로 건강하지 않은 상태를 이끈다 할지라도, 당장의 고통을 줄이는 방법이 되고 있는 것이다. 참여자들은 부정적인 정서와 맞닥뜨렸을 때 대부분은 외부로 표출하지 못하고 행동을 억제하는 형태를 취하고 있었다. 억울함에 맞서 싸우거나 남을 비난 또는 공격하지 못하고, '남에게 할 수 없으니 나에게' 공격의 화살을 돌리는 모습을 볼 수 있었다.

사과는 친구와 다툼이 생기면 먼저 자신이 무슨 잘못을 했나 돌아보고 무심코 뱉은 말이 친구에게 상처가 될까 봐 따지지도 않는다고 했다. 바람은 화난 이유가 '너 때문'이라고 직접적으로 말할 수 없어 혼자서 풀 수 있는 자해라는 방법을 선택했다고 이야기했다.

딱히 말하지 않아요. 별로 친하지 않는 거는 그냥 내가 어, 저도 싸우고 싶은 마음은 없는데, 말하면은 저절로 싸워져 가지고 그 후로 잘 따지지도 않아요._사과

솔직히, 화풀이할 때 남한테 하면은 범죄이기도 하고 그렇잖아요. 남

한테 하면 약간 더 자기한테 손해가 올 수도 있다고 생각해서…. 자해
했을 때 그 애한테 자해한 이유가 너 때문이라고 직접적으로 말할 순
없잖아요._바람

참여자들은 다른 사람에게 피해를 끼치지 않으면서 자신의 소유
라고 생각하는 몸을 자해의 대상으로 삼고 있었다. 그들에게 자해
는 몸에게 부정적 정서를 해소하고 마음의 위안을 얻는 효율적인
방법이었다. 무엇보다 효과적이어서 자해를 대체할 수 있는 다른 방
법을 찾기 어렵다고 생각하고 있었다.

책 읽기에 몰두하며 클라이밍을 즐길 줄 알고 먹는 것도 좋아하
는 사과는 이렇게 다양한 취미를 가지고 있었지만, 스트레스를 경
험한 그 순간을 대처하기에는 모두 부적절하다고 판단하고 있었다.
사과는 다른 방법을 찾을 수 있을 거라 기대하며 자해에 대해 주변
어른들과 이야기 나누었지만 결국 자신이 찾은 자해라는 방법밖에
없는 것 같다고 했다. 하늘빛은 힘들 때마다 먹기도 하고, 잠을 자
기도 했지만, 여전히 자해가 아니면 풀리지 않는 경우가 있다고 말
했다. 참여자들에게 자해는 '혼자서 할 수 있는 최선의 방법'으로
여겨지고 있었다.

그냥 그 다른 걸 못 찾을 때 이게 풀리는 것 같아요. 다른 방법보다…

사과의 모래 상자 '꾀병'

그때 받은 거로 못 푸니까 그걸 좀 모아뒀다가 나중에 자해를 딱 하고…._냥이

어른들이 알았을 땐 다른 방법을 찾아보자고 하셨는데, 솔직히 마땅한 다른 방법이 없는 것 같아 가지고 내가 찾는 거밖에 없는 것 같아요._사과

음… 현재 뭘 먹고 자고 그게, 자해를 하고 나서도 안 풀렸을 때, 진전이 없을 때가 가끔 있어요. 그럴 때 그랬던 것 같아요. 그렇고, 이게 최선의 방법이라고 생각하는 이유가 뭘까? 모르겠어요._하늘빛

118~119쪽은 사과가 자해하는 자신의 모습을 나타낸 것이다. 모래 상자에 혼자 서 있는 아이는 자해 상처를 감추려고 팔에 붕대를 감았는데 그것조차 혼자 묶어서 부자연스러운 모습이라고 했다. 모래 상자 속의 아이는 붕대를 감고도 자해 상처를 들킬까 봐 친구들을 피하고 부모님이나 선생님에게 혼날까 봐 혼자 있었다. 넓은 모래 상자 어디에도 기댈 데가 없어 보이는 아이가, 사과는 자기 같다고 했다. 그리고 상자의 제목을 '꾀병'이라고 붙였다.

마음이 아파 고통스러운데 다른 방법은 찾기 어렵고 자해라도 해서 견디고 있지만, 주변에서는 자해 행위를 부정적으로 바라본다.

힘들어서 자해했지만, '꾀병'이라고 비난받을까 봐 감춰야 했다. 이런 사과의 외롭고 의지할 데 없는 마음이 담겨 있어 오랫동안 기억에 남는 상자였다.

04

자해
중독

많은 사람은 생활 속에서 자신만의 소소한 중독을 경험하게 된다. 어떤 사람은 커피나 술·담배에, 어떤 사람은 인터넷이나 운동에 빠져든 경험이 있어 중독이 가지는 내성이나 금단 증상에 대해 보통 상식적인 수준의 이해를 가지고 있다.

참여자들도 자해를 반복하면서 자해가 중독성을 가지고 있다는 것을 알아차리고 있었고, 자신도 자해 중독 현상을 겪고 있으며 자해에 의지하는 부분이 있다고 말했다.

청소년이 처음 자해를 접하게 된 것은 우연하고 사소한 기회였던 것 같다. 그래서 자해를 처음 어떻게 시작하게 되었는지 기억하지 못하는 경우도 있었고, 호기심이나 우연한 기회, 또는 친구의 행동을 보고 자해를 접하게 되었다는 참여자도 있었다.

청소년의 자해는 '처음엔 심하지 않았던' 것으로 보인다. 겁이 나기도 해서 가위나 자 같은 날카롭지 않은 도구로 한두 번 긋는 정도에서 멈추었고, 그때는 흉터가 크게 남지도 않고 많이 아프지 않았다고 했다. 다 하고 난 뒤에는 재미있기도 해서, 이들에게 자해는 쉽고 편한 정서 조절 도구로 다가온 것 같다. 그러다 보니 중독 현상이 가지는 전형적인 절차에 따라 자해도 내성이 생기기 시작했다. 피부가 까지는 정도에서 더 깊게 긋게 되고, 처음에는 한두 번이었던 것이 점점 많아져 어떤 참여자는 최고 70번까지 손목을 그었다고 했다. '점점 세게, 점점 많이' 자해 행동이 진행됨을 알 수 있었다.

그리고 반복적인 자해는 점차 편하고 자연스러워져 마치 아무 생각 없이 그냥 하는 습관처럼 '시도 때도 없이 찾게' 되었다. 자해가 비슷한 양상으로 익숙해지면서 패턴화되는 모습을 보이고 있었고 점차 자해 자극에도 덤덤해져가고 있었던 것이다. 이런 익숙함은 마치 술·담배에서 보이는 것처럼 '강한 중독성'을 일으켰으며 못 하게 하면 스트레스가 더 쌓이고 미쳐버릴 것 같은 금단 현상을 불러일으켰다. 더 스트레스가 쌓이고 기분을 조절할 수 없을 것 같은 두려움은 자해를 어쩔 수 없이 하게 되는 것으로 인식하게 되었다.

참여자들은 자해에 의존하게 되어 몰래라도 할 것 같다고 말했다. 이미 자해를 조절할 수 있을 거라는 자신감을 잃은 것처럼 보였다.

처음엔 심하지 않았음

자해를 지속한 기간이나 자해 정도에 따라 참여자마다 자해 시작에 대한 기억은 다르게 나타났다. 오랜 기간 자해를 한 참여자는 **'어떻게 자해를 시작하게 되었는지 기억나지 않는다'**고 했고, 장난이나 호기심으로 자해를 시작한 참여자도 시작이 언제라고 말하기 어려워했다. 그러나 공통으로 나타나는 현상은 **'처음에는 심하지 않았다'**라는 것이다. 오히려 가벼운 흥분감으로 재미를 느꼈으며 초기에는 만족감도 꽤 높았던 것으로 보였다.

하늘빛은 자해를 시작한 게 7년 전이라 꽤 시간이 흘렀다. 그때는 자해가 지금처럼 확산되어 있을 때도 아니었고, 주변에 자해하는 사람도 없었다고 말했다. 오래전이어서인지, 기억하고 싶지 않아서인지 하늘빛도 알 수 없지만 특별한 계기가 있었던 것 같지는 않았다. 어떻게 시작했는지 기억나지 않을 만큼 우연한 계기일 가능성이 높다고 했다. 다른 참여자들의 인터뷰를 보며 하늘빛의 시작도 추측할 뿐이었다. 바람도 주변에 자해하는 사람이 없었고 약간의 호기심이 있었지만, 처음 자해를 어떻게 하게 되었는지는 기억하지 못했다. 이렇게 기억도 나지 않은 우연하고 사소한 이유로 자해가 시작되어 이어지고 있었다.

첨엔 그니깐 기억이 안 나서… 처음… (어이없다는 듯 웃으며) 선생님 왜

그때 왜 기억이 안 나요… 처음 자해를 했을 때는 왜 그랬을까?… 생

각해본 적이 없어서… 왜 했을까?_하늘빛

처음엔 약간 호기심… 자해를… 그냥… 모르겠어요… 제 주변에…

젤 먼저 한 게 저인데… 고등학교 1·2학년 때쯤은 몇 명은 했었어요,

2명… 어떻게 시작하게 됐는지, 잘 기억 안 나요._바람

호기심으로 시작한 경우, 모르고 했는데 그게 자해인 경우, 친구
가 하는 자해를 보고 따라 한 경우 모두 시작은 다르지만 처음 자
해를 했을 때는 심하지 않았다. 그렇게 접한 자해의 경험이 참여자
들에게 재미있거나 쉽게 다가왔고 나름의 긍정적인 기억이 다음 자
해로 이어진 것으로 보였다.

사과는 그저 샤프로 팔에 그림을 그리듯 하얀 자국을 만들어봤
는데 그게 재미있어서 자주 했다. 옆에서 보고 있던 친구가 "그거
자해 아니야?" 해서 자해를 찾아보게 되었다는 것이다. 칼로 하는
게 자해인 줄 알았는데 다양한 방법이 있음을 그제야 알았다. 그럼
에도 주변에서는 사과의 자해 행동을 유행에 따라 하는 것처럼 생
각하고 있어 억울한 점이 있다고 했다.

그때는 겁이 많았었거든요. 그래서 그냥 이게 자해진지도 모르고 샤프로 했거든요. 그게 자해진지도 모르고 했었는데… 샤프로 팔을 긁었어요. 솔직히 초기 때는 그렇게 불안하지도 않고 그냥 재밌었어요._사과

처음에는 되게 어, 흉터나 그런 것도 잘 안 남잖아요. 그래서 재미있고… 그, 사과가 샤프로 몸에다 막 낙서하는 거 뭔지 물어보니까 재밌다고 막 그걸로 맨 처음에 그렇게 하다가…._냥이

처음에는 그냥 그렇게 깊지 않았는데… 처음에는 티가 안 났었어요. 근데 계속 반복하다 보니깐 티가 나고 그랬어요._바람

한참 자해가, 제 친구가 자해를 했었어요. 제 친구가 자해를 하길래, 저도 솔직히 처음에는 심하게 안 했어요. 근데 친구가 자해를 해서 아, 저도 한 번 해볼까? 하는 마음에 그냥 유행이었던 것 같아요._감자

점점 세게, 점점 많이

처음에는 낯설기도 하고 겁이 나기도 해서 심하지 않게 하다가 점점 세게, 점점 많이 하게 되었다고 했다. 날카롭지 않은 샤프나 자 등으로 시작해서 **'처음엔 가위로, 그리고 칼로'** 이어졌다. 그러나

자해 도구가 칼로 넘어가서는 더는 무딘 도구로 자해하지 않았다고 했다. 자해를 '**하다 보면 계속 긋고 많이 하게**' 되고 '**좀 더 세게 하는 걸 원하게**' 된다는 것도 공통적인 부분이었다. 이것은 중독 현상에서 보이는 자극에 대한 내성과 유사한 형태다. 반복되는 자해 행위에서 이전에 했던 방법으로는 기대했던 만족감을 얻을 수 없게 되고 통증과 상처에 대한 두려움이 점점 무감각해지기 때문인 것으로 보였다.

바람도 처음에는 가위로 시작했다. 그러면서 사람들은 어떻게 칼로 손목을 긋나 하는 생각을 했다고 한다. 그러던 바람도 두 번째 자해부터 칼을 사용하기 시작했다.

사과와 냥이는 샤프로 하얗게 그림을 그리는 것에서 시작해 가위, 칼, 주삿바늘 등으로 이어졌다. 칼을 사용하고는 가위나 샤프로 자해를 한 적은 없었고, 흉터가 남을까 봐 걱정이 되고 들킬까 불안해서 긋는 횟수는 줄었다고 했다.

처음에는 자해를 커터칼로 안 하고 가위로 했었어요. 이렇게 문지르고… 톱이라고 해야 되나? 그렇게 쓱싹쓱싹하다가 칼, 도저히 칼로는 못 하겠구나. 어떻게 그렇게… 생각했어요._바람

처음에는 가위나 샤프로 했기 때문에…._사과

가위나 샤프는 흉도 거의 안 남고, 그런 거는 되게 빨리 없어지고 하는 데, 칼은 그런 게 좀 오래 가니까 자주 못 하고…._냥이

처음 자해를 시작할 때는 한두 번에 그쳤던 것으로 보인다. 그러나 개인에 따라 증가 속도는 다르게 나타나긴 하지만, 문제는 점점 많이 긋게 된다는 것이다.

이 인터뷰의 참여자 중 가장 많이 그었던 경우는 한 번에 70번이 넘어 놀랍고 걱정스러웠다. 긋는 횟수가 많아짐에 따라 흉터가 남는 영역도 넓어졌으며 손목에만 한정되지 않고, 잘 보이지 않는 팔뚝 쪽이나 발목에 자해를 하기도 했다.

사과는 엄마한테 들키면 혼날까 봐 걱정돼서 할 수 있다면 조금만 긋고 싶었다. 그러나 하다 보면 그냥 계속하게 되었다고 말했다. 하늘빛은 초등학교, 중학교 때는 한두 줄만 했던 것을 고등학교 들어가서 손목의 흉터를 들킬 정도로 많이 하게 되었다.

감자의 경우 자해가 먼저인지, 우울하고 불안한 정서적 상태가 먼저인지는 알 수 없으나 점점 더 자해 횟수가 많아지고 깊이도 깊어졌다. 감자의 자해는 환청에도 영향을 주어 상대 학생들에게 받았던 폭력적인 상황이 불특정한 비난의 내용을 담고 있는 환청으로 나타나 괴로웠다고 했다. 감자가 얼마나 큰 고통을 겪어왔는지 알 수 있는 대목이었다.

어, 하다 보니까, 뭔가 계속 그어져요. 그냥 계속하게 돼요._사과

그것 때문에… 들켰거든요. 아, 머리를 이렇게(넘기는) 하는 습관이 있
으니까 보셨어요. 원래는 제가 한 줄로만 했었거든요. 초등학교랑 중학
교 때는. 고등학교 때는 좀… 영역이 넓어졌다? 여기 이 정도(한 5cm),
저는 한 번 하면 이 영역을 다 이렇게… 여러 번 긋는… 꽤… 셀 수가
없어서… 아무 생각이 없어질 때까지 긋는 그거라….._하늘빛

이전의 자해는, 좀 제 기준에서는 조금 그어서 아, 이 정도는 심하다 했
는데, 점점 더 날이 갈수록 자해하는 횟수나 깊이가 심해져요. 환청이
들리기 시작한 것도….._감자

처음엔 피부가 하얗게 보이는 정도나 살이 까지는 정도로 하던
것이 점점 더 세게, 더 깊게 자해를 하게 되었다. 이것은 반복적인
자해 행동으로 통증에 대해 둔감화되고 칼 같은 도구를 사용할 때
두려움이 줄어드는 반면 그만큼 자해 후 만족감 또한 줄어들었기
때문인 것으로 보인다. 높은 긴장과 해소의 순환으로 정서적 카타
르시스를 경험하기를 기대했지만 익숙해진 자해는 자극의 강도를
더 높여야만 느낄 수 있었던 것이다.

만족을 얻기 위해 자해를 하는 게 아니라는 하늘빛은 몸이 견딜

수 있을 정도나 할머니에게 들키지 않을 정도에서 자해를 멈추다
보니, 다른 참여자들처럼 하고 싶은 만큼 자해를 하는 것이 아니라
고 했다. 그래도 자해가 심해진 근래 하늘빛의 상처가 넓어진 것은
사실이었다. 자해를 지속하면서 달라진 점으로 사과는 도구와 강
도를 꼽았다. 점점 더 날카로운 도구로 점점 더 세게 자해를 했다고
말했다. 냥이는 하다 보니까 더 힘이 들어가게 되고, 세게 하는 걸
원하게 되었지만, 흉터가 남을까 봐 칼로 자해를 하고 나서는 오히
려 횟수가 줄었다는 이야기도 했다.

저는 자해를 하면서 만족감을 얻는다고 생각하진 않아요. 만족을 느
끼는 것보다 몸이 견딜 수 있는 수준까지… 할머니한테 들키지 않을
정도…._하늘빛

도구랑 강도… 전에는 어 그냥 흉터도 상처가 안 남게 살만 까지고 막
그런 정도로 했다면은, 지금은 어 어 피도 나고 음… 흉터도 남는 정
도._사과

계속하던 강도로만 하다 보니까 좀 더 세게 하는 걸 원하게 된 것 같
고, 그리고 하면은 이게 세게 하면 흉이 훨씬 더 오래 가고 하니까 자
주 못 했던 것 같아요. 그냥 약하게 하면은 뭔가 그거는… 뭐라 해야

되지? 잘 모르겠는데, 그냥 세게 좀 더 힘이 들어가게 되고…._냥이

시도 때도 없이 찾는 자해

어쩌다 접하게 된 자해는 어느덧 참여자들에게 익숙해지고 자연스러워졌다. 복잡한 생각에 지쳤거나 화가 나지만 표현할 수 없을 때 다른 방법을 찾기보다 **'별생각 없이 그냥'** 하는 수단이 되었다. 처음에는 이유가 있었던 것 같지만, 자해 빈도가 잦아지다 보니 준비하고 자해하는 과정이 익숙해졌고, **'아무렇지도 않게 된 습관'**처럼 이어졌다. 참여자들은 **'덤덤하게 자해'**를 하고 상처를 수습하게 되었다고 했다. 그리고 들키지만 않는다면 "오늘도 했구나" 할 정도로 자해하는 자신의 행동에 무뎌져갔다.

하늘빛은 생각이 많아지고 아빠에 대한 그리움이 몰려오면 누구에게도 이 이야기를 하고 싶지 않아 다른 갈등 없이 자해를 선택한다고 했다. 사과와 냥이에게서는 자해하는 과정이 있을 뿐 자해 행동에 대한 주저함이나 다른 방법을 고민하는 모습은 점점 보이지 않게 되었다.

생각이 많아질 때는 그런 생각이 드는… 그냥 아무 생각 없이 자고 싶으니깐. 그냥 하고 자고 싶은… 근데 그런데 이걸 이제 누구한테 말을

안 하고 싶으니깐⋯ 그냥 과정이 따로 없고. 그냥 바로⋯._하늘빛

일단은 팔을 걷고 어, 머리끈 같은 걸로 팔을 조여 가지고 피를 모아서
해요. 그리고 그냥 바로⋯._사과

이유를 잘 모르겠는데, 그냥 했던 것 같아요. 뭔가⋯ 별생각 같은 건
안 들었던 것 같은데⋯ 하면서⋯._냥이

　자해의 고통과 두려움에 둔감화되고 방법에 익숙해지면서 참여
자들은 자해하기 전 고통을 해결할 수 있는 다른 방법을 생각하
거나 자해를 조절할 명분을 찾기보다 손쉽게 자해를 선택하게 되
었다. 이것은 마치 패턴화된 습관처럼 편하고 자연스럽게 이뤄졌다.
　사과는 처음에는 친구 관계가 힘들어서 혼자 버티다가 자해를
했다. 그러나 6개월 이상 자해가 지속되자 이제는 마음이 힘들기도
하지만 익숙한 방법 중 하나로 자해를 더 자주 하게 되었다고 했다.
냥이는 취미가 여러 가지지만 어느새 몸에 익어버려 자해로 스트레
스를 풀고 있었다.
　하늘빛은 주기적으로 자해를 하는 편은 아니라고 했다. 아빠의
기일이 있는 가을 즈음, 기일 전후해서 3주 정도가 하늘빛에게는
힘든 시기이고 이 시기를 자해로 버티고 있다. 그런데 고등학교 들

어와서는 3주였던 것이 3달이 되었고, 이제는 기분이 좋지 않으면 시도 때도 없이 찾는 방법이 돼버렸다. 바람은 자해를 한창 자주 할 때는 자고 일어나면 갈증을 느끼고 물을 마시듯이 자해를 아무렇지도 않은 습관처럼 여겼다고 했다.

그냥, 평소처럼 똑같이… 조금씩 추워지기 시작한 10, 11월쯤? 그쯤에… 어, 그냥 무슨 일 있던 건 아니고 습관처럼 하게 됐어요. 그러고 서 화장실에 가서, 교실이나 옥상 같은 데서 하면은 안 되잖아요. 화장실에 가서 했는데 평소처럼… 그래도 1년은 아니지만 반 학기 넘게 했으니까… 처음에는 힘들어서 한 것 같은데, 이제는 힘든 거랑 자해하는 게 익숙해져서 자연스럽게 하는 것 같아요._사과

저도 모르겠어요. 근데 되게 스트레스를 푸는 방법이 여러 가지가 있는데 가장 많이 했던 방법이 이렇게 몸에 익어 가지고 그랬던 것 같기도 하고._냥이

패턴화? 으… 그럴 수도 있겠다 생각이 들기는 해요. 고등학교 때 진짜, 왜냐하면 8, 9, 10달이 아니어도 하고 있으니까. 그냥 이게 이제 약간 주기적은 아니지만… 시도 때도 없이 기분이 안 좋아지면 찾는 방법이 돼버려서…._하늘빛

그때는 그냥, 생각은 안 났던 것 같아요. 일어나서 물 마시듯이, 자고 일어났을 때 목마르듯이… 그때 느낌이었던 것 같아요._바람

자해 과정은 점점 더 강도가 세지고 깊이가 깊어지며 심각해지지만, 반대로 참여자들의 반응은 더 덤덤해지는 것을 볼 수 있었다. 처음에는 겁을 내기도 하고, 주저하며 한두 번으로 멈추기도 했으나 갈수록 대담해지고 자해 횟수도 늘어났다. 자해의 고통과 자해 행동에서 오는 두려움이 자해를 반복하면서 둔감화되는 경향이 뚜렷하게 나타난 것이다.

냥이는 자해를 하고 나면 오늘도 했구나 정도의 덤덤한 느낌이라고 했으며, 바람은 자해 경험을 벌레나 공포 영화를 보는 것에 비교해서 들려주었다. 벌레나 공포 영화에 나오는 귀신 등을 처음에 보면 끔찍하고 무섭지만 자주 보거나 움직이지 않아 공격하지 않을 것 같으면 무섭지 않은 것처럼 자해도 무서워지지 않는다는 것이다.

기분을 조절하고 싶었던 하늘빛은 오르락내리락할 뿐 아니라 기복의 차가 심해지는 상태에 점차 지쳐갔고, 급기야 꼭 조절해야 하나 하는 생각이 들었다고 했다. 기분을 조절하고 상태를 극복하고자 하는 의지가 점점 사라지게 되었고, 이제는 될 대로 되라는 마음으로 더 자주 자해를 하게 되었다며 쓸쓸한 표정을 지었다.

오늘도… 했구나 하는 그런… 되게 이거를 자주 하다 보니까 그냥 되게 정신적으로 덤덤하게 느껴지고 그런 것 같아요._냥이

그… 둘째 날부터는 두세 줄, 서너 줄로 끝났어요. 그때는 쫌 감각이 그렇게 무뎌지지 않았어요… 가끔씩 하면 처음 한 거처럼 아프긴 해요. 연달아 하면 벌레나 그런 거 많이 본 느낌, 오랫동안 보면 그냥, 처음 본 거 보다 덜 공포스럽고 그렇잖아요. 공포 영화나 귀신, 처음에 보면은 무섭잖아요. 마찬가지로… 근데 정지 화면처럼 안 움직이고 그러면 생각보다 덜 무섭고…._바람

그전에는 그래도 좀 이제 그만하면 괜찮아지겠지 그렇게 해보기도 했는데, 이제는 별로 의지가 없어요… 음… 의지가 없으면 자주 하게 되는 거, 아닐까요? 뭔가 자해를 하는 게 잦아졌으니까… 차라리 이게 편한 것 같기도 해요. 그냥 될 대로 되라 하고 가라앉으면은 긋고, 뭐 이렇게 그런 식인 것 같아요. 요즘에는…._하늘빛

강한 중독성

중독 증상에는 내성뿐 아니라 금단 현상과 조절력 상실도 중요한 현상으로 나타난다. 중독성을 지니고 있는 자해 역시 내성을 넘

어서기 위해 점점 더 강한 자극으로 만족감을 얻고 있었으며, 이와 더불어 '술·담배같이' 중단하기 어렵고 '못하게 하면 미쳐버릴 것 같은' 금단 증상을 보이고 있었다. 그래서 참여자들은 못하게 하면 '몰래라도 할 거' 같을 정도로 자해에 의존하게 되어 조절력을 잃어 가고 있었다.

냥이는 처음엔 하는 게 좋아서 자해를 찾았지만, 어느 순간 별일 없어도 안 하고 있으면 자해가 생각나는 것을 보니 자해는 중독인 것 같다고 말했다.

바람은 어른들은 담배를 피우거나 술을 마시면서 스트레스를 풀 지만, 미성년자인 청소년은 그럴 수 없어 자해로 스트레스를 푸는 게 아닐까 했다. 둘 다 몸에 해로운 것은 마찬가지니 발상의 전환으로 자해를 술·담배처럼 생각할 수도 있다는 것이다. 사과는 처음에는 스트레스 푸는 방법으로 좋았지만 중독되고 있음을 느끼게 되었고, 깨달아도 계속하게 되었다고 했다.

중독인 것 같아요. 그냥 별일 없어도 그냥 자해가 안 한지, 뭔가 자해를 안 하고 있거나 그러면은 뭔가 생각나고 그런 게 있어서…_냥이

그냥 좀 발상의 전환이라고 해야 하나… 이상하게 이제… 담배 피우 거나 술이나 스트레스가 풀린다고들 하잖아요… 그래 가지고 둘 다

136

몸에 해가 가는 거잖아요. 그래서 미성년자고 술하고 담배 피우기 싫어서 그래서 그냥 그 처음 자해를 해 가지고…._바람

처음에는 하는 게 좋으니까 이게 나의 스트레스 푸는 방법이라고 생각은 되는데 그래서 그게 막 중독되고 그러는 것 같은데 좀 시간이 지나면은 그걸 깨달아도 계속하게 되는 것 같아요._사과

자신에게 가장 익숙하고 편하게 느껴져 이제는 자연스럽게 하게 된 자해를 못 하게 되었을 때 참여자는 극심한 고통을 예상했다. 그들은 자해라는 행위를 통해 자신의 불편한 상황이나 부정적 정서에서 벗어나 만족감과 위안을 얻고자 했다. 그런데 중독의 양상을 보이는 자해를 중단하게 되면 정서적 불쾌함은 그대로 경험하게 되면서, 자신을 위로할 수 있는 '자해를 하지 못한다'는 가중된 고통 속에 빠지게 되는 것이다. 생각만 해도 막막함과 불안함이 밀려오는 것 같았다.

냥이는 다른 사람이 말리면 더 스트레스가 쌓일 것 같다며 스스로 생각하고 멈춰야 함을 알고 있는 듯했다. 사과도 자해를 못 하게 하면 어떻게 할 것 같냐는 질문에 생각에 잠겼다가 힘없는 목소리로 힘들 것 같다는 대답을 할 뿐이었다. 하면 안 되는 걸 알고는 있지만, 막상 못 하게 될 거라는 생각만으로도 사과는 불안해하는 것

같았다.

감자는 심각한 자해로 구급차가 온 적이 있다고 했다. 그때는 심한 상처보다 지금의 힘든 감정을 풀지 못하게 되는 상황이 '미쳐버릴' 것 같았다. 그러나 감자는 현재 자해를 중단한 상태로 다시 그런 상황이 오면 손목을 잡아서라도 말려주기를 바란다고 했다. 그게 맞는 것 같다는 말도 함께.

음… (침묵) 어… 말리는 사람이 있으면 그 사람이 말리거나 하면 좀 더 스트레스가 쌓이거나 할 것 같고… (침묵) 제가 스스로 그냥 생각하고 멈춰야죠…._냥이

… 뭔가… 더 힘들 것 같아요._사과

미쳐버렸을 것 같아요. 어디 풀 데가 없으니까… 엄마가 맨날 방에서 같이 자고, 한 번은 구급차를 불렀었어요. 자해를 너무 심하게 한다고, 그런데, 제가 그 상황에서 너무 짜증이 나는 거예요. 왜냐면 못 풀게 하니까. 그때 저를 막 말렸어요, 구급차가, 대원분들이. 그래서 그만했는데, 그러고 응급실에 갔어요. 응급실 가면 자해를 못 하잖아요. 그래서 그때 너무 스트레스를 받았는데, 지금 보면 그게 맞는 것 같아요. 말린 게…._감자

자해의 중단은 참여자들에게 큰 변화이고 용기인 것처럼 보였다. 이미 어느 정도 습관이 되어 있고 효율적인 방법으로 선택되었으며 다른 방법은 마음에 크게 다가오지 않는다. 이런 상태에서 자해를 중단할 경우 심한 정서적 고통을 겪을 일을 생각하면 참여자들의 자해에 대한 의존성을 이해할 수 있었다.

사과는 안 하면 좋을 것 같지만 습관이 되어서 끊기는 어려워 몰래라도 할 것 같다고 했다. 냥이는 자해를 중단하면 기분이 다운되고 짜증이 많이 날 것 같아, 역시 몰래 할 것 같다고 이야기했다. 다른 사람에게 기대고 싶지 않아 하는 하늘빛은 자신이 자해에 의지하고 있는 것 같다고 말하며 그게 자해를 반복하는 이유가 아닐까 추측했다.

음… (침묵) 몰래라도 할 것 같아요. 음… (침묵) 습관처럼 돼서… 음… 음… (침묵) 안 했으면 좋을 것 같긴 한데, 끊기는 어려울 것 같아요._ 사과

되게 좀 짜증 나거나 되게 굉장히 기분이 되게 다운됐을 것 같아요. 되게… 짜증 나서 몰래 하거나 그랬을 것 같아요._냥이

뭐 확실히 의지를 한다는 게 맞기는 한 것 같아요. 의지를 하게 되는

것 같아요. 찾게 되는… 음… 제가 저번에 말씀드렸잖아요. 막 다른 사람들 이렇게 약간 기대고 싶지 않다고… 그래서 그런 거 아닐까요?_하늘빛

05

몸으로 확인하는
마음의 상처

인터뷰 참여자들은 초기 청소년기부터 후기 청소년까지의 연령대로 청소년이 겪는 발달적 특성을 나이에 따라 비교적 잘 대표하고 있다. 이 시기 청소년은 급격한 신체적·심리적·인지적 발달이 이뤄지는데 개인 내에서도 각 영역 간 발달의 불균형이 있고 속도 차이도 존재한다.

어떤 청소년은 사고가 우수하게 발달하지만, 공감의 영역인 정서 발달이 상대적으로 미흡할 수 있고 어느 시기는 신체 발달이 우선되거나 언어 발달이 촉진될 수도 있다는 것이다. 좀 더 능숙하게 스트레스를 다루고 적절하게 자신의 정서를 표현하기를 원하지만, 이런 불균형 상태에 있는 청소년에게 쉬운 일이 아닐 것이다.

청소년이 주로 겪는 정서적인 어려움으로 우울과 높은 스트레스

수준, 불안이나 분노, 충동성 등을 들 수 있다. 각기 다르게 나타나기는 하지만 참여자들도 비슷한 어려움을 겪고 있는 것을 확인할수 있었다. 참여자들에게 이러한 감정은 해소되지 못하고 '**엉켜 있는**' 상태로 다가오고 있었으며, 불편한 감정과 불안정한 정서로 원하는 사람들과 충분히 소통하지 못한 채 '**외롭고 쓸쓸한**' 모습으로점점 고립감을 느끼고 있었다.

이것을 해결하기 위해 참여자들은 자해를 반복해왔다. 그러나 자해는 어느새 강한 중독성을 띠며 조절할 수 없을 것 같은 불안감으로 다가오고 있었다. 폭주하듯 피가 뚝뚝 떨어질 때까지, 살이 너덜너덜해질 때까지 자해하기도 했다. 이런 경험은 한편으로 참여자들에게 큰일이 날 것 같은 위험 신호로 작용하게 되었고 그날의 '**자해를 멈추게 했다**'. 마음의 상처가 자해의 흉터로 몸에서 확인되는 순간 참여자들은 더 나가면 위험해질 것이라고 생각하는 것 같았다. 자해 후 참여자들의 몸에는 자해했던 날들의 흔적이 남게 되었다. 어떤 날은 기억도 나지 않는 흔한 이유로, 어떤 날은 자신이 어쩔수 없어 하던 그 힘들어하는 이유로 자해를 했다. 그건 마치 드러나진 않지만, 리더기를 사용하면 알아볼 수 있는 '**바코드**(Bar code)'같이 손목에 흉터를 남겼다.

자해 상처는 붉은 선이었다가 군데군데 부풀어 올라 울퉁불퉁거친 도마뱀 피부 같은 흉터로 남았고 참여자들은 다가오는 여름을 걱정하고 있었다. 흉터가 드러날까 봐 더운데도 반팔을 입을 수 없을 것 같기 때문이다.

엉켜 있는 마음들

참여자들과 인터뷰를 진행하면서 연령에 따라 다소 차이가 있으나 다양한 생각을 하고 역동적으로 감정을 느끼고 있다는 것을 확인할 수 있었다. 그러나 그에 비해 이를 적절하게 표현하는 데 어려움을 느끼고 있었으며, 참여자들은 이 '**표현하기 힘든 감정**'을 자해로 표현한다고 했다. 또한 '**복잡한 생각들**'에서 벗어나고 싶어, '**답답하고 화나는 마음**'을 풀기 위해 참여자들은 자해하고 있었다.

냥이는 남한테 표현하기 힘든 감정을 자해로 표현하고 있는 것인데 어떤 사람들은 유행이라고 한다며 억울하다고 했다. 감자는 좋아하는 시라면서 시 한 편을 보내주었다. 보내준 시에는 사람을 대하다 보면, 그 사람이 나를 싫어하게 될까 봐 하고픈 말을 삼키는 감자의 마음이 담겨 있었다.

뭐라 해야 되지? 사람이 자기감정을 표현하거나 할 때가 없어 가지고 그렇게 하는 것 같은데… 표현? 그게, 남한테 말하거나 표현하기 힘든 감정이나 힘든 거를 자해도 하면서 그렇게 표현하고…._냥이

사람을

대하다 보면

하태완

사람을 대하다 보면

하고픈 말을

속으로만 삼켜야 할 때가 있다.

그게 그 상황에서의

최선이라서가 아니라,

단지 그 사람이

나를 싫어하게 될까 봐

두렵기 때문에

　해결되지 못한 생각들이 꼬리에 꼬리를 물고 점점 이어져 견딜
수 없을 때, 참여자들은 자해한다. 팔을 걷고 숨을 멈추고 자해를
하다 보면 어느새 머릿속이 하얘지면서 생각이 없어진다고 했다.
하늘빛은 여러 가지 생각으로 복잡해질 때, 편안해지고 싶어 자해

한다고 했으며 자해가 복잡하고 무기력한 상황에서 벗어나 '일상을 연결해주는 끈' 같은 역할을 한다고 말했다. 바람은 고등학교 2학년 10월쯤 자해를 중단했다가 1년이 지난 고등학교 3학년 10월에 다시 자해를 했다. 진학할 대학교를 정할 즈음 친구들, 학교, 부모님은 어디 갈 것인지 바람에게 물었고, 고민하게 되었다. 미술 쪽을 마음에 두긴 했지만, 취미로는 좋을지 몰라도 직업으로 하기에는 적당한 것 같지 않아 압박감을 느끼게 되었고 이어지는 생각을 멈추고 싶어 자해했다고 이야기했다.

근데 거의 자해했던 거는 생각이 복잡해졌을 때. 아빠… 문제로 그럴 때. 그랬던 것 같은… 자해를 하는 이유… 아무 생각이 없어지고 싶어서… 내가 가라앉았다는 어… 그니까 이제 올라갔다가 떨어지게 되면, 아, 또 왜 이러지? 이런 생각이 너무 많이 들어서, 그런 생각도 있고… 무슨 일이 있었으면 여러 가지 생각도 있고._하늘빛

그때 그냥… 대학교 넣어야 되고, 그래서 약간 압박감 때문에… 자해하기 전에 학교에 있었는데, 그때 약간… 선생님들이 대학 이야기하시고, 이제 친구들도 어디 갈 거냐, 어디 갈 거냐… 그래서 저도 부모님한테 이야기했고, 부모님도 어디 갈 거냐 이야기하셨어요. 그때는 정해진 목표가 없어서 약간 좀 고민하다가 이렇게 막 정해도 되는 건가…

하늘빛의 모래 상자 '섬'

고민하다가… 꿈이 약간이라도, 방향이라고 해야 되나… 그쪽으로 가야 된다고. 저는 약간 뜬구름 같은 걸 잡은 거라서… 제가 미술 쪽으로 가려고 했는데… 직업으로 하기엔 마음에 들지 않아서, 취미로만 마음에 드는 거라… 그래서 꿈을 못 잡겠다 싶기도 하고 좀 더 생각을 멈추고 싶어서…._바람

하늘빛은 생각이 복잡해질 때 자해하는 상황을 모래 상자에 나타냈다. 오른쪽 섬에 강아지들이 모여 있다. 강아지들은 좁은 섬 위에 가득 모여 앉아 있고, 각기 다른 곳을 바라보고 있다. 하늘빛은 이 강아지들이 생각이라고 했고 자해를 하고 나면 왼쪽 아래 집으로 돌아와서 편해지고 싶다고 했다. 자해가 이 섬과 집을 이어주고 있다는 설명도 덧붙였다. 하늘빛과 둘이서 모래 상자를 오랫동안 바라보았다. 섬 위의 강아지들이 많이 모여 있고 서로 다른 곳을 바라보고 있어 산만해 보이기도 했지만, 강아지들은 모두 그 자리에서 하늘빛을 기다리고 있는 것 같아 보였다. 하늘빛이 정리해주기를 기다리고 있는 생각들처럼. 그리고 돌아가서 편히 쉬기에 집이 아주 작게 느껴지기도 했다. 자해를 하고 나도 좁은 집에서 편히 쉬지는 못할 것 같았다. 우리는 이런 이야기를 한참 더 나누었다. 하늘빛은 이 상자의 제목을 '섬'(146~147쪽)이라고 붙였다.

답답하고 억울한 마음이 들지만, 참여자들은 그것을 표현하기 어

려워했다. 화가 치밀어 올라도 상대에게 풀지 못하고 참다가 혼자만의 공간에 들어가 자해로 마음을 진정시키고 있었다. 그렇게 혼자 마음을 달래며 견디고 있는데, 자해한다고 화를 내시는 듯한 부모님의 모습이나 유행을 따라 한다고 생각하는 주변의 시선은 참여자들에게 억울한 감정을 들게 하는 것 같았다. 늘 조용하게 말하던 사과가 이 이야기를 할 때는 목소리가 커지고 떨리기까지 했다. 친구랑 싸워도 사과가 먼저 미안해하며 풀려고 하는 편인데 상대방은 그렇지 않은 것도 사과에게는 억울한 일이었다.

　　낭이도 답답하고 불만스러운 마음을 자해로 푼다고 했으며, 바람은 자해하는 자신의 모습을 바라보게 되면 슬프고 화가 날 것 같다고 했다. 그리고 친구가 한 장난이 악의가 없는 것 같아 대놓고 소리칠 순 없지만, 기분이 나빠져 자해한 적이 있다고 이야기했다.

　　부모님은 엄마 아빠는 화를 냈는데, 화를 내셨는데, 저는 어, 딱히, 화낼 이유는 없고, 어, 그건 아닌데, 음… 부모님이 화내시는 거에 억울해요. 어, 쫌, 나도 뭔가 자해를 그냥 장난으로 하는 것도 아니고, 유행으로 하는 것도 아닌데 그렇게 화를 내시니까. 그냥 요즘 자해가 막 유행이라고 막 떠돌아다니니까… 처음엔 유행인 줄도 몰랐어요._사과

　　되게 서로 되게 근데 쫌… 되게 억울했던 게 전에도 가을(별칭)이랑 많

이 싸웠는데, 제가 다 풀려고 미안해 먼저 하고 그랬는데 이번에는 내가 먼저 안 할 거라고 그렇게 말하고… 그러다가 반이 갈라져 가지고 있는데… 그러다가 자연스럽게 풀린 것 같아요._사과

그냥 뭔가 되게 음… 뭔가 되게 답답하거나 불만 같은 거를 그렇게 푼다고 그걸 자해하면서 푼다고…._냥이

… 좀… 슬프거나 화날 것 같아요._바람

기분 나빠서, 그걸 대놓고 소리치거나 욕할 순 없잖아요. 악의 없게 그래 가지고… 기분 나빠서 열 받아서 그때 했던 것 같아요._바람

외롭고 가엾은 나

참여자들과 자해할 때 자신의 모습을 떠올려 바라보는 시간을 가졌다. 멀리서 자해하는 모습을 본다면 내가 어떻게 보일지, 자해하고 난 뒤 남아 있는 상처가 말을 할 수 있다면 뭐라고 할지… 생각하는 동안 참여자들은 시선을 자신에게로 돌려 느껴보는 경험을 하게 되었다. 그 시선에는 '힘들고 우울한 나'가 보였고, 그런 자신을 '가엾고 불쌍하게 여기는' 마음이 담겨 있었다.

냥이는 숨어서 자해하는 모습을 떠올렸고 그게 처량하고 쓸쓸해 보인다고 했으며, 팔에 있는 상처는 왜 계속 스스로 상처를 만드냐고 힘들어할 것 같다는 이야기를 했다. 자해하다 강아지와 눈이 마주친 감자는 마치 엄마가 가엾고 불쌍한 자신을 보고 있는 것 같아 감자도 울고 강아지도 울었다고 했다. 그리고 자해하는 자신의 모습을 생각하던 하늘빛은 "비가 와요" 한마디 한 뒤 눈물을 뚝뚝 흘렸다. 많은 말보다 눈물 속에 하늘빛이 바라보는 자신의 모습이 담겨 있는 것 같았다.

처량하고 쓸쓸해 보일 것 같아요. 그게 남들한테 숨기고 숨어서 하고 그런 게 살짝 좀 쓸쓸하고, 좀 처량하게 보이기도 하고, 그래 가지고 남들한테 잘 말하지를 못해서 그러고 숨기고 그런 식으로 하다 보니까 그렇게 느껴지는…._냥이

근데 상처가 만약에 말을 하면은 (침묵) 뭐하냐고 그럴 것 같아요. 왜 계속 스스로…? 만드냐고. 뭔가 음… (침묵) 되게 힘들 것 같아요. 내가 치료도 안 해주고 항상 보면은, 이게 덧나거나 아니면은 계속 이게 감염되거나 할 수 있으니까 그거 때문에 힘들 것 같아요._냥이

가엾다… 불쌍하다… 다 안 좋은 이미지밖에 없는 것 같아요. 좋은 거

사과의 모래 상자 '절망'

보다… 자해하다가 강아지하고 눈이 마주쳤어요. 강아지가 제 방에서 잔단 말이에요, 그때는. 지금은 엄마랑 같이 자지만, 강아지하고 눈 마주치니까 강아지가 하지 마라는 것 같았어요. 제가 우니까 강아지도 울었어요. 속상했어요. 엄마 보는 기분이고, 엄마가 절 보는 기분이 그럴 것 같았어요._감자

비가 와요…. (눈물을 흘림)_하늘빛

사과는 자해할 때 자신의 모습을 떠올리며 모래 상자를 만들었다. 한참 동안 모래 상자를 바라보던 사과는 단 한 개의 피규어를 가지고 와서 상자에 두었다. 그리고 "되게, 어, 울고 있는 것 같은데, 되게, 절망적인 거…" 같은 느낌이라고 했다. 그리고 이것이 자해할 때 자신의 모습이라고 하며 제목을 '절망'(152~153쪽)이라고 붙였다. 아무것도 없는 곳에 눈을 가린 채 쪼그리고 앉아 있는 아이를 위로해주고 싶은 상자였다.

자해를 멈추게 하는 순간

한두 번으로 시작된 자해는 생각보다 많은 횟수로 이어지고 있었다. 한번 시작한 자해는 언제 멈추게 되는 것일까? 무엇이 자해를

멈추게 하는 요인으로 작용할 수 있을까? 이 의문점들은 반복적인 자해를 지속적으로 중단하는 것이 아니라, 한 번 시작된 그 순간의 자해가 어떻게 멈추게 되는지를 알고 싶다는 뜻이다.

인터뷰를 진행하며 자해 과정은 일정한 끝마침이 있는 게 아니라 그때마다 다르게 끝이 나 대단히 불규칙하다는 것을 알게 되었다. 그래서 참여자들과 더욱 심층적인 탐색을 시작했고 몇 가지 공통점을 발견하게 되었다. 참여자들은 '피가 뚝뚝 떨어지거나', '살이 너덜너덜해지면', '큰일 나겠다' 싶을 때 자해를 멈추게 된다고 했다. 마음의 상처로 고통받는 몸을 눈으로 확인하게 되면 참여자들은 두 가지 다른 감정을 느낀다고 이야기했다. 흐르는 피를 보며 자해가 잘 됐다는 만족감과 벌어진 살에서 희열감을 느낀다는 참여자도 있었으며, 다른 한편으로 점차 자해가 심각해지면 자해 사실을 들킬 것 같거나 병원을 가야 해서 위험 신호로 감지하게 된다는 것이다. 이렇게 위험 신호가 감지되면 흥분된 자해 과정에서 눈을 뜨듯이 현실로 돌아온다고 이야기했다.

사과는 처음에는 몰랐으나 이제는 피가 많이 나와야 자해가 잘된 거라고 생각하게 되었다. 냥이는 자해를 생각하면 검붉게 나오는 피나 상처 위에 동그랗게 고여 있는 피가 떠오른다고 했다. 냥이와 사과는 칼로 자해를 한 지 6개월 정도 된 비교적 자해 기간이 짧은 참여자다. 그런 두 아이의 사례에 대해 감자는 피가 나서 자해를 멈춘다는 건, 자해를 많이 하지 않아서라고 조심스럽게 자신의 생각을 전했다. 감자의 의견에 따르면 냥이와 사과는 자해 초기여서 피가 나오기만 하면 자해를 멈춘 것이라고 할 수 있다. 그와 달리 자해를 상대적으로 오랫동안 해온 바람과 하늘빛은 자해를 멈추는 신호로 피가 날 때가 아니고 흐를 때라고 했다. 바람은 흐르는 피를 보는 순간 생각이 멈췄다가 다시 눈을 뜬다고 했으며 하늘빛은 피가 더 많이 나면 상처를 닦을 때 휴지를 많이 써서 할머니에게 들킬 것 같아 멈춘다고 했다. 자해를 지속한 기간이나 심각성에 따라 차이를 보이고 있으나 피가 자해를 멈추게 하는 하나의 요인으로 작용하고 있는 것으로 보였다.

좀… 예전에는 딱히 피를 내야 된다는 그런 게 없어 가지고 그때는 잘 몰랐었는데, 이제는 되게 피가 많이 나와야지, 자해가 잘된 거라고 생각해요._사과

(침묵) 피 같은 게 자해 생각하면 그건 좀 많이 떠오르는… 자해를 하면은 피가 살짝 검붉게 나올 때가 있는데 빨갛게 나올 때도 있고, 검붉게 나올 때가 생각나는 것 같아요. 퍼지는… 아니면… 상처에 피가 살짝 동그랗게 고여 있을 때 그런 식으로 피가 생각날 때가 있어요._냥이

근데 자해를 하면 피가 날 수밖에 없는 것 같아요, 칼로 그으니까. 자
해를 하면 피가 나거든요. 피가 조금이라도 나는데, 멈춰진다는 건…
좀 조심스러운데, 그 친구들은… 자해를 조금 한 것 같아요. 왜냐하면
살짝만 그어도 피가 난단 말이에요. 살짝 해서 피가 나서 멈춘다는 건,
자해를 조금 한 것 같아요, 제 기준에서._감자

그게 피인 것 같기도 하고… 그러니까 생각이 멈췄다가 다시 주변, 눈
을 뜬다고 해야 되나 그때가 피를 본 순간일 수도 있는 것 같아요._바람

네. 딱 그쵸, 멈춰야 되겠다는 생각이 들 때가 있어요. 저는 피가 뚝뚝
너무 많이 떨어질 때에요._하늘빛

그다음은 살이 벌어질 정도에서 자해를 멈춘다고 했다. 참여자들
의 직접적인 표현에 의하면 속살이 보이고, 더 깊게 찌르게 됐을 때
그것을 눈으로 확인하는 순간 자해를 멈춘다는 것이다. 이 시각적
인 확인은 만족감과 함께 신체적 위험을 깨닫게 하는 스위치 역할
을 하고 있었다.

낭이는 대부분 사과와 함께 자해했지만, 한 번은 집에서 혼자 한
적이 있었다. 이때의 자해 경험이 기억에 남아 있는데, 그것은 처음
으로 상처가 깊게 벌어졌기 때문이다. 놀라거나 무섭지는 않았고

자신에게는 신기해 보였다고 했다. 그 뒤 자해를 여러 번 하다 보니 어느새 살이 너덜너덜해진 기분까지 들었다. 감자는 자해 기간이 길지 않지만, 심각하게 한 적이 많은 편이다. 그래서 살이 벌어지고 심지어 동맥에 가깝다고 느꼈을 때 희열감을 느끼기도 하지만 동시에 걱정이 되기도 해서 자해를 멈췄다고 했다. 바람 역시 속살 같은 걸 볼 정도가 되었을 때 이 이상 하면 안 되겠다고 느꼈다.

저는 집에서 혼자 했던 건데 그때 이거…를 했는데 처음으로 되게 많이 깊게 벌어져 가지고 그거가 좀 생각이 나는 거… 안에 살짝 하얗게 보이고, 그랬던 것 같아요. 아무도 없을 때 그럴 때…._냥이

약하게 여러 번 하다 보니까 살에 자리가 없어지거나 살이 너덜너덜해지고…._냥이

살이 벌어졌을 때. 뭔가 동맥에 가까울수록 그래야 좀 희열감이 드는 것 같아요. 살이 벌어졌을 때, 피가 많이 나서 흐를 때 걱정이 되면 멈춰요._감자

말 그대로 저번에 정맥 가까이 찌를 뻔해서, 그래 가지고… 그때 속살 같은 것도 봤어요. 그때 처음으로 아, 이 이상으로 하면 안 되겠구나

느꼈었어요._바람

참여자 중에는 피가 흐르고 살이 벌어지는 것만이 아니라 더 계속하면 안 될 것 같은, 큰일 나겠다 싶은 신호가 있음을 알려주었다.

바람의 경우 자살할 생각이 아니라면 더는 나가지 않고 멈춰야 한다고 했다. 자해가 고통과 두려움이 둔감화되면서 자살로 이어질 수 있음을 바람은 직감적으로 알고 있는 것 같았다. 감자는 봉합할 정도로 자해를 하게 되면 구급차를 부르게 되거나 부모님과 함께 응급실 가는 것이 부담스러웠다고 했다. 게다가 슬슬 몸이 망가지는 걸 느끼면서 몸도 마음도 상처투성이가 되어가는 자신에 대해 걱정하기 시작하고 있었다.

아… 그리고… 자살 생각이 없는 사람은 그냥 거기서 더 안 나가야 겠다 하거나 오늘 이 정도로 하면 됐다는 거, 그때 같아요. 실제로 자해도 중독될 수 있으니까._바람

뭔가 상처가 보이잖아요, 눈에. 눈에 보일 때 상처 횟수가 많다 싶으면 멈춰지는 것 같아요. 너무 많이 상처가 났으니까 살짝의 몸 걱정? 많이 그었다 싶을 때… 저는 봉합을 해야 되면, 가족이 같이 가야 되잖아

감자의 모래 상자 '사고 1분 전'

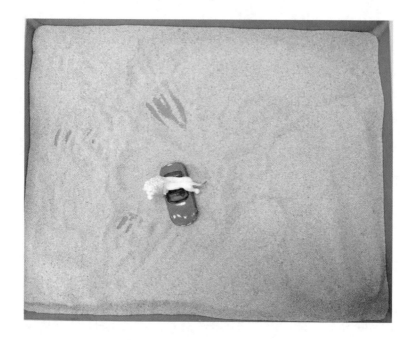

요. 갈 때 같이 가면 또 슬프고… 왜냐하면 응급실의 비용을 내가 다 부담할 수 없으니까…._감자

한참 뒤인 것 같아요. 자신이 슬슬 몸이 망가지는 걸 깨달을 때. 팔이 막 상처투성이고, 몸도 마음도 막 괜찮지가 않고 그럴 때 깨닫는 것 같아요._감자

그리고 감자는 위험한 자해 순간을 모래 상자로 표현했다. 상자 가운데는 빨간 스포츠카가 있고, 그 위에는 사자가 있다. 차는 잘 달린다기보다 막 달리는 차라고 했고, 사자는 동물 가운데 가장 센 존재를 나타내고 있었다. 감자는 자해할 때 자신이 사자처럼 강해 보이는, 이성을 잃고 날뛰는 강한 존재로 느낀다고 했다. 그 사자가 막 달리는 차 위에 있어 금방 사고 날 것같이 위태롭다고 했으며 제목을 '사고 1분 전'(160~161쪽)이라고 지었다. 감자는 자신의 자해 행동이 충동적이고 위험하다는 것을 모래 상자로 나타내고 있었다.

몸에 새긴 바코드

물건을 살 때 뒤편에 바코드를 본 적이 있을 것이다. 청소년 사이에서는 자해 흉터를 '바코드'라고 부르고 있었다. 래퍼 김하온

(HAON)·이병재(Vinxen)가 부른 노래 「바코드」에서 시작되었는데 흰색 배경에 그어진 검은 줄이 피부에 남겨진 자해 흉터를 연상하게 한다. 가사에는 청소년이 느끼는 절망과 고민, 모두 다른 이야기가 바코드처럼 생긴 자해 흉터에 남아 있다고 했다.

참여자들도 흉터마다 이건 언제 한 거고, 이건 무엇 때문에 한 것인지 알고 있었다. 어떤 날은 아무 생각 없이 한 것 같기도 하고, 곰곰이 돌아보면 **'뭔가 이유가 있었던 날'**로 기억이 떠오르기도 한다. 또 참여자 각자가 가지고 있는 해결하기 힘든 **'어쩔 수 없는 부분들'**로 자해를 했다. 자해는 지워지지 않는 흉터로 남아 심할 경우 **'도마뱀 피부'**처럼 울퉁불퉁 거친 살갗이 되었다. 참여자들은 하나같이 흉터를 걱정하며 빨리 아물기를 바라고 있었다.

흰색 배경에 검은 줄이

내 팔을 내려 보게 해

이대로 사는 게 의미는 있을지

또 궁금해

행복이란 무엇일까

그것은 어디에도 없으며

동시에 어디에나 있구나

우린 앞만 보고 살도록 배웠으니까

주위에 남아 있던

행복을 놓쳐 빛나지 못하는 거야

[중략]

검은 줄들의 모양은 다 다르긴 해도

삑 소리 나면 우리 모두를

빛으로 비추겠지

바람은 오랜만에 자해했는데, 그 이유가 잘 기억나지 않았다. 바람 생각에는 하찮은 이유였던 것 같다고 했다. 하늘빛은 처음에는 기억이 나지 않는다고 했다가 휴대폰으로 일정을 확인해보더니 그날의 자해 이유를 기억해냈다. 아무 생각 없이 자해하기도 하고, 엄마한테 혼나거나 반에서 무슨 일이 있을 때 자해를 하기도 한다며, 둘은 좀 다르다고 냥이는 이야기했다. 사과는 남아 있는 흉터들이 자신에게 "왜 자해를 했냐?"고 물을 것 같고, 그러면 자신은 "힘들어서" 그랬다고 대답할 거라 했다. 사과에게 남겨진 흉터들은 사과가 겪은 힘든 일을 알고 걱정해주는 흔적들로 보였다.

… 기억은 잘 안 나는데… 약간 좀 하찮은 이유였던 것 같아요…_바람

근데, 제가 딱 무슨 일이 있어서 하는 게 아니라 제가 기억이 안 나요

(웃음). 요 근래 14일쯤… 이날은 일이 있었어요. 맞나? 이날이 이날인가? 이날, 기분이 안 좋았던 이유가 있었어요._하늘빛

평소에는 아무 생각 없이 하는데, 어떤 날에 뭐 그날 엄마한테 혼나거나 반에서 안 좋은 일이 있거나 했을 때 그럴 때 할 때도 있고… 둘이 다른 것 같아요. 생각 있이 할 때는 그냥 그거를 풀기 위한 용으로 하는 거고, 그냥 아무 생각 없을 때는 그냥 자연스럽게 그러면서 하는 거고…._냥이

음… (침묵) 음… (침묵) 왜 했냐고?… 힘들어서….사과

참여자들은 모두 자기의 이야기를 가지고 있었다. 그 이야기 속에는 참여자들이 겪은 고통스러운 기억이 있거나 해결하지 못하는 심리적 과제가 담겨 있었다. 그리고 그 기억은 참여자들로서는 어쩔 수 없는 부분이 되어 반복적으로 나타나고 그로 인한 심리적 어려움을 풀기 위해 자해에 의지하며 마음에 위안을 얻고 있었다.

사과는 친구 관계를 힘들어했다. 상처를 줄까 봐 싸우지도 못하는 사과는 은근히 밀어내는 친구 앞에서 어쩔 줄 몰라 하며 서운함을 느꼈다. 냥이는 같은 반 남자아이들의 무례하고 비겁한 행동에 분노를 느끼고 있었다. 선생님께 말씀을 드려 혼이 나도 그때뿐

이었고 소리 지르며 대항을 해봐도 무리를 지어 덤비는 남자애들한 테 이미 힘에서도 밀리고 있다는 걸 냥이도 알고 있었다. 감자는 중학교 2학년 때 겪은 학교폭력의 외상에 시달리고 있었다. 학교 복도에서, 다른 친구들이 보는 앞에서, 뺨을 맞은 기억이 떠오를 때마다 감자는 절망스러웠고, 서서히 환청까지 들리기 시작했다. 하늘빛은 돌아가신 아빠에 대한 그리움으로 기일이 다가오면 무기력해지지만, 혹시 무기력해진 이유를 말하게 되면 아빠의 부재가 알려질까 봐, 그러면 자신이 잘못할 때마다 돌아가신 아빠를 욕보이는 일이 될까 봐, 혼자서 자해로 해결하고 있었다.

참여자들은 이런 고통스러운 일들이 반복되지 않으려면 힘든 이유가 사라지거나 자기감정을 조절하게 되는 것, 또 지난 일들을 모두 잊고 새로운 출발을 하거나, 아빠가 살아 돌아오거나 하는 현실적으로 완전히 이뤄지기 힘든 일들이 일어나야 한다고 했다. 그만큼 참여자들에게 자해는 어쩔 수 없는 부분으로 여겨지는 것 같았다.

친구 관계? 음⋯ 친구랑 사이가 안 좋을 때 되게⋯ 전에는 딱히 친구 관계를 생각하지를 않았는데, 이제는 중요시 생각하는 것 같아요. 음⋯ 한, 10월인가 11월인가 그때⋯ 보리가 그때는 냥이를 더 되게 좋아하고 뭘 같이 하고 싶어 해 가지고, 제가 그거를 그래도 참았었거든요. 저도 같이하려고 나도 같이하자고 그렇게 말하고 그랬었는데⋯

냥이는 뭔가 저를 더 믿고 그런 것 같아서, 보리가 냥이한테 자기가 힘든 거를 말했대요. 근데, 3명이서 같이 친한 친구인데 그 고민을 말할 친구가 냥이밖에 없다고 말했대요. 그래 가지고 그때 너무 힘들었어요._사과

(침묵) 저도 모르겠어요. 그때 되게 짜증 나고 하다 보니 그렇게 남자애들이 뭔가 무시를 해도 계속하다 보니까… 무시하면 또 말 씹는다고 난리 치고, 또 거기서 대응해주면 또 왜 그러냐고 하고, 그리고 남자애 한 명하고 말다툼하고 있으면 옆에서 와 가지고 걔네가 다른 남자애들이 끼어들고 그런 식으로… 남자애들이 계속, 뭔가 저보다 체력이 좀 더 좋기도 하고 힘도 세지는 게 있기도 하고… 그게 안 되니까 답답하고 그래서… 걔네한테 아무리 소리 지르고 해봐도 안 되는 게 좀 답답해서…_냥이

뭔가 절망스러운 느낌이 들 때… 그냥, 주로 일어나는 자해 일들 중 하나는 예전 일 생각나서가 제일 큰 것 같아요, 맞았을 때. 환청 들릴 때 같아요. 계속 누가 야, 야, 부르거나 욕설이 들릴 때, 그럴 때 자해를 해야겠다 생각이 들어요. 환청이… 들릴 줄 몰랐는데, 들리는 게 어쩌다가 갑자기 확 들리는 것도 아니고, 서서히 들렸단 말이에요. 서서히 들릴 때 어, 욕설 같은 환청이나 누구 부르는 환청이 들리는 것 같아요.

자해 한창 할 때인 것 같아요. 여름쯤에… 그때는 화가 너무 났어요. 자존감이 떨어져서, 애들이 꿇렸을 때, 모든 게 회상이 됐어요. 애들 앞에서 학교에서 꿇려지고, 맞고 그러니까._감자

저는, 이거 요즘에 되게 자주 듣는 말인데, 저는 힘든 걸 얘기하는 걸 별로 안 좋아해요. 그러고, 친구가 항상 저한테, 너는 힘든 걸 너무 얘기를 안 한다고… 그래서 제가 그렇다고 또 아빠 주기가 됐다고 해서 이거, 이거에 대한 얘기를 딴 사람에게 한 적도 없고, 중학교 친구 한 명, 고등학교 친구 한 명, 딱 저랑 제일 가까운 친구는 안단 말이에요. 왜냐하면 그때 제가 너무 다운이니까. 이렇게밖에 모른단 말이에요. 저는 진짜 제 얘기를 하는 걸 별로 안 좋아하는데, 제가 힘들다는 걸 말할려면 왜 힘든 건지를 말해야 그걸 말하고 싶지 않아서, 혼자 해결 하고 싶어서…._하늘빛

아빠 얘기를 안 하는 거요? 사실, 전번부터 생각을 했었는데, 그거에 대해서. 뭔가 그런 거 있잖아요. 제가 애들한테 아빠가 돌아가셨어 얘 길 했는데 제가 무슨 잘못을 하게 되면 아빠 욕보이는 일이 될까 봐 그 래서 말 안 했던 것 같아요._하늘빛

제가 힘들거나 할 이유가 사라지게 되거나…._냥이

정말 현실 가능성이 없어서… 아빠가 돌아오면… (웃음) 그런 거?… 뭔가 지금보다 더 행복해지지 않을까요? 또 슬프네, 이런…. (울먹거림)_하늘빛

(침묵)… 내 기분을 내가 조절할 수 있을 때, 그러면 그렇지 않을까요?_ 하늘빛

그거랑 비슷한데 좀 달라요. 인제 다 잊고 새로운 출발을 한다거나 개조한다거나…._바람

　　참여자 대부분은 흉터를 걱정하고 있었다. 남아 있는 흉터는 그 자체로 보기 좋지 않을 뿐 아니라 주변 사람들에게 자해 사실을 들키게 되어 감추고 싶은 것이었다. 그러나 계속되는 자해로 흉터는 약을 발라도 없어지지 않았고 병원에서 시술해야 하나 하는 생각까지 들었다.

　　바람은 한동안 자해를 하지 않았고 흉터를 애써 감추는데도 몇 명 친구들이 멋대로 들추어 자해한 흔적을 보았다고 했다. 친구들은 "너도 자해하면 애처럼 도마뱀 피부 된다"고 말했고, 그것이 바람에게 상처가 되었던 것 같다. 냥이는 자해를 하면서도 흉터가 빨리 없어지기를 바라고 있었고, 사과는 잦은 자해로 흉터가 많이 남

게 된 것을 후회한다고 했다. 흉터는 참여자들이 자해한 경험들이
그대로 몸에 남아 있는 '바코드'였다.

그냥 좀 너 자해했냐 이러면서… 나중에 가서 자해를 안 했을 때도 얘
처럼 자해하면 도마뱀 피부 된다고 이런 식으로…._바람

이거는 흉이나 상처가 빨리 없어져야 되는데, 그런 거 할 때도 살짝 걱
정되기도 하고…._냥이

좋은 영향은 별로 없는 것 같은데, 나쁜 영향은 많은 것 같아요. 음…
음… (침묵) 나쁜 영향은 불안한 거, 하면은 음… 흉터 남는 거, 그거
두 개인 것 같아요… 후회할 줄 몰랐으니까. 음… 이제는 흉터가 많이
남아 가지고 잘 없어지지가 않거든요… 약을 발라도 잘 흉터가 안 없
어져 가지고 그건 병원에서밖에 못 해요. 병원에서 흉터를 없애야 되
는데… 좀… 적당히 할걸…._사과

06

나쁜
친구

청소년에게 친구는 무엇보다 소중한 존재다. 이전과 달라진 보호자와 관계에서 나눌 수 없는 공감과 지지를 또래 집단인 친구 관계에서 얻고 있다. 그렇게 친구에게 심리적으로 의지하고 충성스러운 유대를 우정의 형태로 맺어간다. 그러나 자해하는 청소년은 자신의 자해 경험을 개방해 나눌 수 있을 만큼 신뢰로운 또래 관계를 맺는 데 어려움을 보이고 있었다.

참여자들은 흉터를 감추고 싶어 했다. 그래서 팔을 걷거나 머리를 쓸어 올릴 때도 팔목이 보일까 봐 신경을 쓰고, 한여름에도 카디건을 들고 다니며 팔목에 걸쳐둔다고 했다. 자해가 자신에게는 최선의 방법이지만, 가족과 사회적으로는 받아들여지지 않는 방법이라는 걸 알고 있었고 그로 인해 자해하는 자신이 부정적으로 보일까 봐 걱정하고 있었다.

그래서 참여자들은 가족이나 가까운 사람에게서 고립감을 느끼지만, 한편으로 자신의 고통을 진정으로 위로해줄 대상이 필요한 이중적인 마음을 가지고 있었다. 그 대상은 불편한 상황이 생기면 제대로 표현하지 못하는 자신과 같은 존재가 아닌, 강하고 매력적인 상대이기를 바라고 있었다. 자해할 때 감자가 사자처럼 강해지는 느낌을 받았다고 했듯이, 자신의 몸에 자해함으로써 얻은 통제력은 자해를 힘 있고 매력적인 나쁜 친구로 받아들여지게 하고 있었다.

외롭고 고통스러운 참여자들에게 친구가 필요했다. 그런데 자해는 나의 심리적 어려움을 나눌 수 있는 친구이긴 하지만, 몸에 고통을 주고 상처를 남기는 나쁜 친구였다.

참여자들은 이 강렬한 친구의 매력에서 쉽게 벗어나지 못하고 중독되어가고 있었다. **'기댈 데가 필요'**해서 자해라는 친구를 사귀었지만, 어느 순간 **'자해를 해도 결국 제자리'**로 나아지는 것은 없었고 오히려 늘 하는 자살 생각을 떠올리게 해 **'삶과 죽음 사이'** 어딘가에서 자해를 하고 있는 듯한 느낌을 받았다고 했다. 벗어나기 어려울 정도로 의지하고 있어 **'자해는 나쁜 친구'**인 것 같다고 참여자들은 말하고 있었다.

기댈 데가 필요함

참여자들은 가족이나 가까운 사람들과 자해에 관한 이야기를 거의 하지 않는다고 했다. 꼬치꼬치 묻는 게 싫고 하지 말라고 제지하는 것이 압박감으로 다가오기 때문이다. 그래서 이야기를 하는 경우에도 가족보다 심리적으로 먼 몇몇 사람과 비밀스럽게 경험을 나누고 있었다. 참여자들은 심리적으로 고립되어 정서적 어려움을 나눌 사람 없이 혼자라는 사실에 외로워하면서도 '든든하게 기댈 수 있는' 무언가를 바라는 양가적인 마음을 가지고 있었다. 참여자들에게는 자해를 하면서 견뎌낸 시간에 대한 '진정한 위로가 필요'했고, 다시 고통스러운 상황이 오거나 자해의 유혹에 흔들릴 때 '옆에서 말려주고 도와주는 사람'이 있어 기대고 싶은 마음이 있었다.

바람은 친구들이 서로 뒷담화하는 모습을 보며 신뢰하기 어려워졌다고 했다. 매달릴 게 자해밖에 없는 느낌이었고, 이대로 죽어버릴까 하는 마음에 자살을 시도한 적이 있었다. 그걸 알게 된 어머니는 다른 말씀 없이 "학교 쉬겠니?"라고 하셨고 그 이야기를 들었을 때 자신의 행동이 뭔가가 잘못되었다는 걸 느꼈다고 했다. 감자는 외상 후 극심한 방황을 거듭했다. 부모님은 헌신적으로 감자를 붙잡았고 요즘은 감자를 위해 가족 상담을 받고 있다고 한다. 상담을 받으면서 평소 말하기 힘들었던 이야기를 치료사의 도움을 받아 서로 전달하며 가정이 더 안정된 느낌이 든다고 했다. 사과는 자해를 멈출 수 있도록 도움을 주는 것은 친구들이라고 했다. 자신을 걱정해주는 소중한 사람들 때문에 자해를 멈추고 싶다는 이야기를 했다.

주변에 사람들도 약간 믿을 수 없다고, 털어놓기 그렇거나 입이 가벼운 사람, 털어놓기 힘든데, 입이 무겁다 해도 눈치 보이고 그래서 안 털어놔서 매달릴 게 거의 자해밖에 없어서… 솔직히 지금도 별로 없어요._바람

어머니가 와서 하는 말이, 항상 학교 가라고 하시는데, 학교 쉬겠니? 라는 말을 하셔서 그게 그때 아, 뭔가 잘못됐구나를 깨달았다고 해야 되나? 뭔가 잘못됐다는 생각을 했어요. 뭔지 몰라도._바람

뭔가 든든하게 기댈 수 있는 것. 근데 기댈 수 있는 게 올바르지 않은 것 말고 사람이나 친구나 막 이런 것들. 책이나 이런 것들._감자

요즘은 가정이 좀 안정된 느낌이 들어서 괜찮았어요. 일단 제가 집에 일찍 들어오고… 그래서 엄마하고 싸우는 일이 줄었어요. 많이 엄마랑 안 싸우니까 가정이 안정된 것 같아요. 어… 제가 자해를 안 하는 것 중에 가정의 이유도 하나 있다는 거._감자

음… (침묵) 아직은… 나를 어, 걱정해주는 사람이 있고, 나한테도 소중한 사람이 있으니까. 어… 친구들이나 어… (침묵) 냥이나 어… 쿠키 (별칭)… 음… 음… 바다(별칭)… 어… 어… 그냥 곁에 있어주는 애들이요. 음… 가족? 다요._사과

자해하는 청소년은 자신의 고통을 상대방에게 표현하는 데 어려움을 느끼고 있었다. 미안하고 피해 갈까 봐 자신의 감정이 다른 사람에게 영향을 끼치지 않기 바라는 마음에서 이야기하지 않는다고 했다.

그러나 이들에게 힘든 시간을 보내고 있는 것에 대한 진정한 위로가 필요해 보였다. 공감 어린 관심으로 이야기를 들어주고 그동안 힘들었겠다, 애썼다는 위로 한마디가 자해를 왜 하느냐, 이제 그만하라는 걱정보다 먼저 듣고 싶었을 것이다.

인터뷰를 진행하며 참여자들은 점점 마음의 문을 열어가는 모습을 보여주었다. 다른 사람에게, 특히 성인에게 자해 이야기를 하는 것을 꺼리던 참여자들이 초반의 작고 주저하던 목소리로 이야기하던 것에서 점점 분명하게 자신의 생각을 밝히고 또래 청소년답게 장난을 치거나 웃으면서 간식을 먹거나 가볍게 근황에 관한 이야기를 나누기도 했다. 진정한 위로를 이야기하며 참여자들은 스스로 받고 있는 것처럼 보였다. 그런 참여자들의 모습을 보며 어른으로

서 안쓰럽고 아픈 마음에서 조금은 벗어날 수 있었으며 그 이후로 악몽을 꾸지 않게 되었다.

듣고 나서 뭘 자기가 어떻게 하겠다 하는 걸 원하는 게 아니라 그냥 가만히 있어주는 거, 계속 말 들어주는 그렇게만 해줬으면 기분이 좋을 것 같아요. 들어주고 가만히 있어주고._냥이

저는… 막 친구여도 막 꼬치꼬치 안 캐묻고 묻지 않고 무슨 일 있었냐고 묻지 않고, 그냥 그냥 힘들었지 하면서 위로해주는 게 제일 좋은 것 같아요._사과

그냥 위로 한마디. 그동안 힘들었냐고…._감자

인터뷰 좋았고, 뭔가 이런 거를 아무한테나 털어놓는 게 아니니까 그리고 이제 편한 사람한테 털어놓는 거니까 그게 좋았어요._사과

이제 기억이 잘 안 나는 것 같아요. 그때 일들 잊으려고 노력하고 있어요. [글쓴이: 그래서 인터뷰하는 게 미안하기도 해. 잊고 싶은데….] 아니오. 괜찮아요. 남한테 이야기하면서 풀면서 좀 나아지는 부분도 있는 것 같아서 괜찮아요._감자

참여자들의 자해는 강한 중독성을 보이고 있었다. 중독의 특성상 자해를 중단했을 때 고통스러운 금단 현상을 겪게 될 것이다. 그럴 때 참여자들은 옆에서 말려주고 도와주는 사람이 필요하다고 했다. 그 사람은 모순되게도 가장 털어놓기 힘든 대상인 가족이었고, 자신의 반복적인 행동에도 견뎌줄 수 있는 친구라고 했다.

현재 자해를 중단하고 있는 감자는 예전 생각이 나거나 친구들과 갈등을 겪으면 다시 자해 생각이 날 것 같다고 했다. 그때 엄마하고 친구가 감자의 마음이 안정될 때까지 손을 꼭 잡아주며 말려주었으면 하고 바랐다. 자해에 대해 나쁘게만 보는 사람들이 싫다고 한 냥이도 누군가 옆에서 지켜봐 주며 심해질 때 말해주면 나아질 것 같다고 했다.

바람은 다시 자해를 할까 봐 걱정하시는 부모님의 마음을 생각해서 다른 방법으로 풀려고 노력했다. 그러나 최근 대학 진학과 함께 자취를 시작하면서 시간과 장소의 제약이 없고 무엇보다 말리는 사람이 없어서 다시 자해를 하게 되었다고 전해왔다. 하늘빛은 할머니가 걱정하시는 게 가장 마음에 걸린다고 했다. 할머니는 자신이 나이가 들어 혹시 놓치는 것이 있을까 봐 걱정하며 간혹 전화해서 의논하는 편이시고, 하늘빛을 만나는 날이면 "선생님 만나러 가는 날"이라고 아침부터 서두르게 하시는 분이다. 그런 할머니를 위해 하늘빛은 견딜 수 있을 때까지 견디려고 노력하는 것 같았다.

그래서 아니란 걸 깨달았어요. 그리고 주변에서도 계속 도와주고, 친구들도 주변에서 도와주는 게 필요할 것 같아요… 그런 날이 올 것 같아요. 또 예전 생각 들거나 친구들하고 갈등이 느껴질 때 그럴 것 같아요. 전 안 할 거예요. 엄마 생각도 나고, 저를 저 옆에서 계속 남아준 친구가 있었어요. 다른 애들 떠날 때. 그 친구 때문에라도 안 할 것 같아요… 엄마하고 친구. 지금 자해를 하고 싶은데 좀 말려달라고 할 것 같아요. 그냥 손 꽉 잡아줬으면 좋겠어요. 제 마음이 안정될 때까지._감자

… 그냥 옆에서 지켜보기만 하면은 언젠가는 그 하는 사람의 마음이 바뀔 수도 있고, 어떤 심해지는 것 같으면 그때만 좀 더 말해주고 그러면은 더 나아질 것 같아요._냥이

음… 첫 번째로 이제 같은 생활하는 부모님이나 형제는, 어차피 형은 군대 가서 모르지만, 부모님에게 들킨 것도 좀 그렇고, 들켰는데 이제 얘가 멈췄는데, 한동안 멈췄는데 갑자기 왜 이러지 하면 약간 좀 걱정이 돼서 더 생각이 들잖아요. 그래서 이것 때문에 있고, 다른 쪽으로 스트레스 풀고 있긴 해요._바람

최근에 한 번 했어요. 자취하다 보니 장소적 제한을 그닥 받지 않았고, 시간도 많이 비어서… 자취하다 보니 말리거나 보는 사람들도 줄어

서._바람

그런데 사실 할머니가 되게 걱정하셨어요… 1학년 때 그래서, 어영부
영 넘어가고, 그러니까 1학년 때보다 작년이 좀 더 심했잖아요, 이게…
그래서 작년에는 이제 할머니가 보기에도 이번에는 좀 그러셨나 봐요.
그래서, 그러면, 선생님, 선생님께 한 번 전화하고. 음. 할머니가 되게
걱정하셨어요._하늘빛

자해를 해도 결국 제자리

참여자들은 처음엔 자해하면서 좋았다고 했다. 그러나 좀 더 자
세히 살펴보니 좋은 것만 있는 것은 아니었다는 걸 알게 되었다. 불
편한 마음을 해소하지만, 그것은 일시적이었고, 불만을 자해를 통
해 풀었다고 생각했지만, 현실은 변한 것이 없었다. 좀 더 자해하면
나아질까 싶어 자해를 반복하지만, 자해로 해결되는 것은 현실적으
로 거의 없다는 것을 확인할 뿐이었다. 자해에서 느끼는 쾌감은 '**현
실감 없는 희열감**'으로 몸을 아프게 해서 마음의 고통을 잠시 잊는
형태로 몸도 마음도 상처투성이가 되는 결과를 초래하고 있었다.
'**자해를 한다고 상황은 변하지 않았으며**' 오히려 스트레스가 더 쌓
였고, 그로 인한 좌절감은 일상생활로 이어져 '**감정 기복이 더 심**

해'지는 고통을 겪고 있었다.

냥이는 자해하면 좋기도 하고 시원하기도 해서 쾌감을 느끼지만, 불안과 불편감도 함께 느끼고 있었다. 바람은 자해를 하면 순간 뻥 뚫리며 숨을 덜어내는 가벼움을 느끼지만, 생각보다 스트레스가 풀리지 않았다고 했다.

하기 전에는 마음이 뭔가 하면 뭔가 좀, 스트레스 좀 풀릴 것 같고 그랬는데, 하면서 살짝 뭔가 쾌감같이 그럴 때도 있고, 아니면 뭔가 좀 불편할 때도 있고 이거를 또 어떻게 하고 해야 될지 불편할 때 있고…_냥이

좀… 많이 생각보다 스트레스가 풀리지 못했어요. 약간 숨을 덜어내는 게 가벼워지는… 더 모아 쉴 수 있다고 해야 되나? 한숨을 들였다 마시는 기분… 그러면 뻥 뚫리잖아요._바람

감자는 자해를 반복하며 느끼는 감정을 모래 상자에 나타냈다. 가운데 공룡이 자해를 하고 있는 감자의 몸이고, 공룡은 아무도 자신을 못 말린다는 생각에 폭주하고 있다. 왼쪽에 있는 돛단배와 오른쪽에 있는 비행기 모두 바다와 하늘에 둥둥 떠다니는 것으로 자해할 때 느끼는 '현실감 없는 희열감'을 표현하고 있다. 감자는 편안

함을 느끼고 싶어 침대를 추가로 가져와서 놓았지만, 공룡도 비행기도 돛단배도 편안해지기는 어려워 보였다.

참여자들은 불편한 상황을 피하고 부정적인 정서를 해소하기 위해서 자해를 한다고 했다. 그러나 자해 경험이 반복되면서 더 강한 자극과 더 많은 횟수가 필요함을 알게 되었고, 큰일 날 것 같은 위험을 느끼면서까지 자해를 하기도 했다. 그럼에도 불구하고 참여자들은 반복되는 자해로 상황은 나아지지 않았고, 변함이 없거나 오히려 더 나빠지는 경험을 하고 있었다.

감자는 자해를 해도 자신이 학교폭력을 당했다는 사실이 변하는 것도 아니고 우울함도 나아지지 않았다. 도리어 자신의 방황에 지친 친구들이 떠나기까지 했다. 바람은 자해를 하면서도 이걸 왜 하는지 회의감을 느꼈고, 스트레스가 더 쌓이는 느낌을 받았다고 했으며, 냥이는 결국에는 파국으로 가는 것 같다고 했다. 하늘빛 역시 힘들어서 자해했지만, 힘든 기간이 더 늘어날 뿐이었다고 이야기했다.

예전에 깨닫기 전에는 자해하면, 막… 좀… 나아졌다. 기분이 좀 나아졌다, 어, 우울함이 좀 해소됐다 이런 기분이었는데, 요즘에, 최근에 자해하면 아, 그냥 똑같다 그런, 사람들이 감기약을 하도 많이 먹으면 똑같다고 그러잖아요. 그런 거처럼 그냥 아, 우울함이 똑같다… 이 정도 같아요… 모든 게 상황이 변하진 않잖아요. 제가 한다고 해서, 자해

감자의 모래 상자 '편안함이 필요해'

를… 걔네한테 맞는 게 돌아가는 것도 아니고 생각을 하다가 애들이 하나둘 자해 때문에 떠나다 보니까 깨달았어요._감자

근데 저는 그렇게 오히려 그런 느낌 별로 없었어요. 스트레스가 오히려 더 쌓이는 느낌… 오히려 하면서 좀 더 내가 왜 이걸 하는지… 기분만 더 찝찝하고….바람

처음에는 좋다가 결국에는 마지막에는 파국으로 가고._냥이

중학교 때까지 한 줄만 하지 않았나요? 이건 진짜 뭔가 고등학교 때부터, 원래 중학교 때는 제가 앞 전주 그다음 주만 힘들었잖아요. 고등학교 때는 전달이랑 다음 달까지 힘들어요. 원래 주 단위로 힘들었는데, 아빠 기일 전에 달이랑 그달이랑, 그다음 달까지 이렇게 세 달이 힘들어요._하늘빛

자해해도 기분이 풀리거나 상황이 나아지지 않는다는 것을 알게 되면서 참여자들은 좌절감을 느끼게 되었고, 이것은 일상생활에서 정서적 불안으로 이어졌다. 청소년기의 역동적인 감정 변화를 감안하더라도 전보다 감정 기복이 더 심해졌으며 이것이 다시 스트레스로 다가왔다. 냥이는 스트레스를 풀었다고 생각했는데 다시 배가

되어 돌아오면서 심한 감정 기복을 느꼈으며, 감자는 우울한 마음을 풀기 위해 자해를 했지만, 더 우울해졌고 환청에도 영향을 주어 자해를 거듭할수록 환청 증상이 심해졌다고 했다. 바람은 자해를 하고 나면 자해하고 싶다는 마음은 줄어들지만, 정신적으로 더 피폐해지는 느낌이 들었다고 했으며, 하늘빛은 점점 더 커지는 감정의 격차가 당황스러웠다고 이야기했다.

음… 뭔가 되게 감정이 되게 좀 기복이 심하게 되는 것 같아요, 제가. 갑자기 뭔가 기분이 좋았다가 갑자기 확 떨어지거나 갑자기…? 그런 게 있는… 스트레스가 풀어졌는데, 다시 스트레스가 배로 불어나서 다시 오고…._냥이

그런 것 같아요. 어, 자해하면 우울한 감정이 들고, 예전 감정도 더 많이 들잖아요. 그래서 환청도 스트레스를 더 받으니까 더 들리는 것 같아요… 자해를 해도 더 달라지는 게 없다는 걸 알았을 때 스트레스를 받는 것 같아요._감자

약간 자해하고 싶다는 느낌이 줄어들긴 하는데, 약간 다른 쪽으로 더 피폐해져서 정신이 약간 좀 이상해졌던 것 같아요. 좋은 기분은 아니에요. 어쩔 때는 그냥 심할 때는 울기도 하는데, 그거 말고는 그냥 찝찝

한 기분으로 잠들기도 하는데…._바람

또 왜 이럴까? 올라갔다 내려가는 게 이 격차가 작지 않고 크니까 너무 올라갔다가 너무 떨어지니까 그런, 그럴 때…._하늘빛

삶과 죽음 사이에 있는 나

참여자들의 자해는 삶과 죽음 사이 어디쯤 있을까? 인터뷰가 진행됨에 따라 참여자들의 이야기 속으로 들어가면서, 생각보다 그들에게 자살 생각이 가깝게 있음을 알게 되었다. 참여자 5명 모두 '자살 생각'을 해본 적이 있다고 했다. 어떤 참여자는 자살 정보를 검색해보기도 하고 더 나아가 실행까지 해봤다고 이야기했다. 자살 시도는 자해를 반복하다 문득 생각이 나기도 하고, 자해하며 둔감해진 두려움이 자살 시도로 이어지기도 하는 것 같았다.

참여자들은 '삶과 죽음 사이' 그 어디쯤 자신의 자해가 있다고 했다. 어떤 참여자는 삶 쪽에 가까워서 '살아보겠다고 잡고 있는 낭떠러지' 같은 것이 자해라고 했으며 자해로 삶을 버티고 있다고 했다. 또 다른 참여자는 점점 더 죽음으로 가까이 가는 느낌이라고 했으며 중간이라고 대답한 참여자도 있었다. 그러니까 참여자들의 삶과 죽음에 대한 생각은 고정되어 있는 것이 아니라 유동적인

것으로 보였고, 안타깝게도 불현듯 어느 순간 죽음 쪽으로 성큼 다가설 수 있을 것 같은 두려움이 느껴졌다. 자해의 위험함을 느끼는 순간이었다. 그러면서 참여자들의 자해가 지금까지 생각해왔던 것과는 다른 모습으로 다가왔다. 비록 자해가 건강하지 못한 방법이며 사회적으로 수용할 수 없으나 자해를 거듭하면서까지 일상생활을 이어가고 하루하루 살고자 애썼던 참여자들의 노력을 간과해서는 안 되겠다는 점이었다. 그래서 참여자들은 자신의 자해 행동을 제지하고 감시하는 대상으로만 생각하는 것을 서운해했고 "힘들었겠다"는 위로가 듣고 싶었다고 이야기하는 것이다.

사과는 힘들 때 매일매일 죽고 싶다는 생각을 했다고 한다. 자살에 대한 정보를 검색해보기도 했고, 자해보다 자살에 대한 생각을 먼저 했다. 그래서 자해가 자살에 끼치는 영향을 크게 생각해본 적은 없지만 반복되는 자해는 자살 생각에 가까이 가게 할 것 같다고 했다. 그걸 막아주고 있는 것은 겁이 나서라고 말했다. 감자는 자기 때문에 힘들어하는 부모님과 그래도 자꾸 떠오르는 지난 기억 때문에 죽고 싶다고 했으며 감자를 잃을까 불안해하는 부모님과 친구들 덕분에 견디고 있었다. 바람은 자해 후 문득 자살할까 했지만, 왜 그래야 하나 하는 생각이 떠올라 멈췄다고 했다. 그러나 아직도 충동적으로 가끔 자살을 생각하고 있다는 이야기도 했다.

음… (침묵) 근데… 자해보다는… 저는 어, 죽고 싶다는 생각을 먼저 했어 가지고… 어… 자해 영향은 별로 없는 것 같아요._사과

가정도 저 때문에 힘들었고, 예전 친구들한테 맞은 것도 있고, 애들 사이에서 제 이름이 오르락거리니까 죽고 싶었던 것 같아요… 걔들을 죽이기엔 너무 못하겠어서… 걔들한테 따지지도 못하는데, 어떻게 죽여요._감자

그때 새벽에는 이제 자해하고 밤새우다가… 그 전날에 정말 아무 일도 없었는데, 아, 이대로 자살할까 해 가지고… 그러다… 왜 내가 자살해야 되지라는 그 생각이 들어서, 거기서 멈췄던 것 같긴 해요. 솔직히 그래도 아직도 자살 생각을 가끔씩 해요. 그러니까 충동적으로, 평소에는 안 그러는데….._바람

심리적 고통을 안고 하루하루 살아간다는 건 누구에게나 힘든 일이다. 참여자들도 다른 청소년처럼 학교를 다니면서 해야 할 일을 하며 살아가고 있지만, 손목에는 바코드처럼 새겨진 자신만의 아픔을 가지고 있다는 것을 인터뷰를 진행하며 알 수 있었다.

다른 방법을 찾으면 좋겠으나 자해는 하늘빛에게 살아보겠다고 애쓰며 잡고 있는 낭떠러지였다. 그래서 자해를 놓으면 삶을 포기할 것

같아 살려고 버티는 모습이 자해라는 것이다. 적어도 자해할 땐 죽고 싶다는 생각이 들지 않으니까. 가끔은 죽고 싶을 만큼 힘들지만, 참 여자들은 어떻게 해서라도 주어진 하루를 살아보겠다고 낭떠러지 끝에서 끈 하나를 잡듯이 애를 쓰고 있었다. 바람은 보통 사람들이 스트레스로 자해를 하거나 자살을 하는 것 같다고 했다. 자해를 더 위험한 상황인 자살로 가지 않게 하는 방법으로 보고 있는 것이다.

음… (침묵) 흠… (침묵) 낭떠러지… 그냥 자해를 놓으면 거의 포기하는 거 아닐까요? 지금 자해를 한다고 했던 게 아무 생각을 안 하려고, 그러니까 살아보겠다고, 그런, 그렇게 한다고 말씀을 드렸었잖아요. 그래서 만약에 얘를 놓게 되면 정말 더 포기하게 되는 게 아닐까 싶은 생각이 들었어요… 살려고 노력하는 모습. 죽고 싶다는 생각이 가끔 들기는 하는데 자해를 할 때 들진 않거든요. 그냥 버텨보겠다고 하는 거니까._하늘빛

자해하다 보면 보통 스트레스로 하거나 그런 사람들이 많잖아요. 자해도 참… 위험한 상황이 있을 것 같아서… 오히려 더 악화될 수도 있고._바람

하늘빛은 다음의 이야기를 하면서 정말 많이 울었다. 하늘빛이

죽음을 떠올릴 때 늘 함께 떠오르는 사람은 아빠였다. 그리운 아빠와 죽음. 그래서 하늘빛에게 죽음은 다른 사람보다 멀지 않게 느껴지는 것 같았다. 그 마음은 이제 할머니에게로 옮겨졌다. 기억도 잘 나지 않는 어린 시절, 아빠와 함께한 추억이 그리워 내내 고통받는 하늘빛이었기에 아빠보다 더 많은 시간을 함께한 할머니의 부재는 생각하는 것만으로도 눈물을 멈출 수 없는 것 같아 보였다.

그러나 다행히 하늘빛은 할머니를 생각해서라도 버텨보기로 마음먹고 있었다. 자해해서라도 할머니가 계실 때까지 살아볼 생각이라고 말하며 자신의 자해는 삶 쪽에 가깝다 했다. 하늘빛은 아르바이트해서 번 돈으로 할머니, 할아버지와 영화를 보고 할머니의 옷을 사드리기도 하고, 어르신들이 잘 모르는 집 안의 소소한 일들을 도와드리고 있었다. 감자에게 자해는 삶과 죽음의 가운데 있는 것이다. 죽지 못 해 하는 것이 자해이므로 자해는 죽음에 가까이 있는 것 같지만, 멈추면 삶으로 이어지기 때문이다. 그리고 감자는 지금 자해를 멈춰서 삶 쪽에 있다고 했다.

사실 그런 생각이 없지 않아 있기도 해요. 그리고 저는 지금도 약간, 어, 눈물 날 것 같다.(눈물)… 지금도 아빠 생각하는 게 저는, 인제, 저는 할머니 죽으면 따라 죽어야지라는 생각을 항상 갖고 산단 말이에요. 진짜 처음 하는 얘기예요. 진짜 못 살 것 같아요. 저는 아빠에 대한 기억이 그렇게 많지 않잖아요. 근데 아빠…랑 있던 기억 잠깐으로 이러는 건데, 할머니랑은 더 오래 있었잖아요. 그래서 진짜 할머니까지 그렇게 되면 못 살 것 같아… 그래서 뭔가 할머니 계실 때까지 버텨보자 그런 생각으로…._하늘빛

피가 너무 많이 나서 피가 멈추지 않을 때 걱정이 돼요. 그래서 멈춰요. 자해라는 게 죽고 싶긴 한데, 죽지 못 해서 하는 게 자해 같아요. 자해는 삶과 죽음이 있으면 자해는 중간 같아요. 자해는 죽음을 도와주는 것 같아요. 어, 자해는 자해를 저처럼 하다가 멈추는 게 삶 같고, 자해를 중간이라고 한 거는 삶도 죽음도 아닌 것 같아요. 자해를 한다고 죽고 싶지만 죽지 못 하니까 중간 같아요._감자

냥이는 삶과 죽음 사이에 있는 자해 모습을 모래 상자에 상징적으로 표현했다. 왼쪽 첫 상자에 나오는 해골은 죽음을 나타낸다. 냥이는 "자해를 계속하다 보면은 계속 제정신…이나 그런 게 와 가지고 많이… 죽어가고 그럴 것 같아 가지고…"라며 자해의 위험함을 해골로 상징했다. 그리고 이 위험한 상황을 돕기 위해 다시 벽과 교통 표지판을 가져왔다. "거기서 만약에 벽이나 안내판 무시하고 계속 쭉 앞으로 가면 결국에 죽음이라는 선택지로 갔을 수도 있고, 아니면 벽과 이, 여기서 안내판을 믿고 되돌아갈 수도 있는 두

냥이의 모래 상자 '선택'

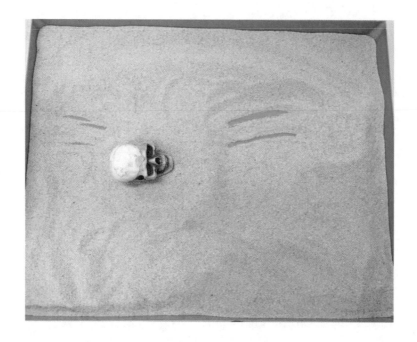

가지 선택을 할 수도 있으니까…"라고 말하며 상자의 제목을 '선택'(192~193쪽)이라고 했다. 경험의 특성상 자해는 삶과 죽음 사이 어디엔가 있을 수 있지만 냥이는 그것이 선택의 문제일 수도 있다는 걸 느끼고 있는 것 같았다.

자해는 나쁜 친구

삶 속에서 죽음을 떠올릴 만큼 힘들었던 참여자들은 자신의 이야기를 들어주고 힘들었겠다고 위로해주는 기댈 곳이 필요했다. 그러나 다른 사람을 충분히 신뢰하고 솔직하게 자신의 마음을 표현할 수 없었던 참여자들은 자해하며 일시적으로 안정감을 느끼고 위안을 받아왔다. 그래서 자해는 참여자들에게 '좋기는 하지만 불안한' 나쁜 친구 같은 존재였다. 기댈 친구가 필요해서 참여자들은 **'친구긴 친군데, 나쁜 친구'**라도 만나야 했고 그 친구는 참여자들에게 처음에는 강해 보였고 어울리고 싶을 정도로 매력적인 존재로 느껴졌다. 하지만 만날수록 강한 중독성으로 몸에 더 큰 상처를 내고 흉터를 남기는 나쁜 친구가 자해라고 말하고 있다.

이제 참여자들은 이 친구를 어떻게 할 것인지 생각해보게 되었다. 다른 방법을 찾을 수 없는 상황에서 나쁘게만 볼 수 없으니 **'멈출 수 없다'**라는 마음과 함께, 만나지 말았어야 하는 친구이므로 이제 그만 '**다른 방법을 찾거나 만나지 말아야**' 한다는 두 마음이 함께 나타나고 있었다. 자신들은 다른 방법을 찾을 수 없으며 선택할 힘이 없다고 느끼며 인터뷰 중에 많이 울기도 하고 자신 없어 주저하기도 했으나 참여자들은 자신의 이야기를 거듭해 나가면서 선택의 여지가 있음을 느끼게 되는 것 같았다.

하늘빛은 자해가 사귀면 안 되는데 어쩔 수 없이 자꾸 만나게 된다는 점에서 나쁜 친구 같다고 했다. 사과에게 자해는 자신을 자꾸 아프게 하는 나쁜 친구였다. 친구가 필요해서 나쁜 친구라도 사귀었으나 그 결과 지금은 흉터 때문에 여름에 반팔 입기도 어려워졌고 다른 친구들이 이상하게 볼까 봐 신경 쓰여 후회스럽다고 했다. 감자는 자해가 다른 사람에게 해를 끼치지 않는 방법이기는 하나 자신에게 피해를 주는 틀린 방법이기 때문에 계속 사귀면 안 좋은 일이 일어나는 나쁜 친구처럼 그 곁을 떠나 자해를 그만두겠다고 말했다.

음… 뭔가 나쁜 친구랑 안 사귀어야 될 것 같잖아요. 근데, 어쩔 수 없이 자꾸 만나게 되는, 그런 느낌._하늘빛

되게… 친구긴 친군데 나쁜 친구라고 하잖아요. 어, 친구긴 한데, 나를 되게 아프게 하니까, 나쁜 친구라고… 후회? 솔직히 자해를 한 게 처음

엔 좋았지만, 지금은 되돌리고 싶어요. 안 했으면은 조금만 더 참았으면은 괜찮을 것 같았는데, 그걸 못 참고 어, 여름에는 반팔도 입어야 되는데 흉터가 많으면은 애들이 이상하게 볼까 봐 후회했어요._사과

저는 그렇게 생각해요. 어, 자해를 해도 똑같이 우울하잖아요. 남한테 피해를 안 끼치더라도 저한테, 저 자신한테 그런 것 같아요. 피해를 끼치는… 저는 틀린 방법이라 생각해요. 사람마다 생각은 다르니까._감자

나쁜 친구는 계속 사귀면 안 좋으니까, 안 좋은 채로 그냥 떠나겠다? 이런 거처럼 자해도 이제 그만하고 그런 거예요._감자

냥이는 사람들이 자해를 유행이라고 말하며 자해했다고 자랑하는 사람들이 있다는 사실에 화가 난다고 했다. 냥이에게 자해는 표현할 수 없는 자기감정을 표현하는 수단이고 믿을 수 있는 사람에게만 말할 수 있는 비밀 같은 것이었다. 그래서 앞으로 안 하려고 노력하겠지만, 할 수도 있을 것 같다고 했다. 바람은 자신과 다른 사람 모두에게 해를 주지 않고 스트레스 푸는 방법을 찾는 게 쉽지 않다고 했다. 그래서 바람의 생각에는 적당한 선이라면 자해도 좋은 해결법이라고 했다. 인터뷰를 하면서 바람은 자신은 거의 자해를 하지 않는 상태였기 때문에, 자해 자체를 생각해보는 것보다 어

떻게 개선하는 것이 좋을까 하는 생각을 더 많이 하는 계기가 되었다고 했다. 하늘빛에게 자해를 포기한다는 것은 삶을 놓아버린 듯이 살거나 정말 죽거나 하는 것을 의미한다고 했다. 그래서 하늘빛은 자해를 멈출 엄두를 내지 못하고 있는 것처럼 보였다.

어… 자해하는 게 대부분 다 안 좋게 생각할 수 있는데, 그게 좀 아니라는 걸 말하고 아니라고 생각하고 그렇게 된 것 같기도 해요… 그냥 자기만의 개인적인 자기 혼자만 그걸 갖고 있거나 아니면은 되게 믿을 만한 사람이거나 그런 사람한테만 말하면 괜찮은 비밀 같은 거…._냥이

자해를 멈추는 것보다 어떻게 개선해야 하나… 어… 일단 남에게 해를 안 주고 자신에게도 도움이 되는 스트레스 푸는 방법을 찾는 게 그렇게 쉽지는 않고, 어려우니까 그렇다고 해서 자신이 삐뚤어지면 안 되고, 그러니까 솔직히 자해 말고는 그보다 좋은 방법이 있다고 하면… 어려운 것 같아요. 뭐든 할 수도 없고, 참지 못해서 하는 건데… 어찌 보면 자해도 적당한 선이라면 좋은 해결법이라고 생각해요, 저는._바람

생각을 해보긴 했는데, 딱히 답을 찾지를 못했어요. 음… 다 놓고 정말 그렇게 살거나 진짜 죽거나…? 같아요._하늘빛

자해에 대한 오해에 반감이 있는 냥이지만 상처와 흉터가 남고 중독될 수 있음을 알고 있었다. 그래서 다른 한편으로 다른 친구들은 자해를 아예 시작하지 말았으면 좋겠다고 했으며 사과와 같이 다른 방법을 찾아야 한다고 말했다. 또 사과는 참아야 한다는 말을 강조했다. 자해를 시작한 것을 후회하는 사과의 마음이 느껴지는 말이었다. 바람이 1년 동안 자해를 멈춘 적이 있었다. 어떻게 했는지 궁금했다. 바람의 대답은 "그냥 참았어요"로 간단했다. 이 말은 술이나 담배를 끊는 사람들에게서 들었던 "그냥 참고 있으며 늘 생각난다"라는 말을 떠올리게 했으며 바람의 말과 다르지 않게 느껴졌다. 그리고 이어서 먹는 양이 늘었다는 말도 했다. 이런 현상은 하늘빛에게도 나타났다. 하늘빛은 자해를 멈춘다는 생각을 누구보다 힘들어하는 참여자이지만 실제 자해를 조절하려고 많은 노력을 하고 있다는 것을 알고 있다. 하늘빛은 단것을 많이 먹든가 주로 잠을 잔다고 했다.

다른 방법 찾거나 아예 시작하지 말라고… 그냥 무시하거나 다른 거 하거나 아니면은 다른 데 가거나…._냥이

저는… 좀 참고, 좀 참고 다른 방법 찾으라고._사과

이론상 간단한데… 그냥 거기서 참았어요._바람

그냥 그때는 밥 먹는 양이 계속 늘어나서 고등학교 2학년 때 몸무게가 55kg이었는데 고등학교 3학년 올라가자마자 65kg쯤 됐어요… 자해를 안 하는 동안 먹어댔어요._바람

잠을 많이 자지 않을까요? 어떻게 보면 피하는 거? 음… 그래도 다른 방법을 찾아보지 않을까요? 이것도 좋지 않은 방법이긴 한데, 저는 단거를 엄청 많이 먹어요. 진짜 많이 먹어요. 할머니가 그만 좀 먹어라 할 정도로 많이 먹어요._하늘빛

참여자 대부분은 인터뷰 후 자해를 조절하고 있다고 알려왔다. 안 하다 보니 생각이 안 난다는 반가운 소식도 들리고, 이번에 한 번 했다고 풀 죽은 목소리로 이야기하기도 했다. 그러나 참여자들은 인터뷰하는 동안 자해에 대해 처음으로 솔직한 이야기를 나누면서 자신에게 자해 행동에 관해서 생각보다 더 많은 통제력이 있음을 알게 된 것처럼 보였다. 그래서 힘들고 외로워 필요했던 나쁜 친구를 계속 옆에 둘 것인지, 아니면 이제는 헤어질 것인지를 선택할 수 있다는 걸 잊지 않기를 바라는 마음이 들었다. 냥이의 모래상자 '선택'처럼.

3부

자해, 외로운 아이들의 나쁜 친구

자해 경험의 의미

자해에 대해, 그리고 청소년과 자해 행동의 관계에 대해 1부에서 일반적인 내용을 살펴보았으므로 3부에서는 참여자들이 들려준 이야기를 중심으로 자해 경험의 의미를 이해하고자 한다. 인터뷰 내용을 주제와 의미 단위로 묶어 정리하면 아래 표와 같다. 청소년 자해의 경험을 현상학적으로 살펴볼 때 Merleau-Ponty(1962)는 인간은 주체적 존재로 몸으로써 관계를 맺고 체험하며 살아간다는 점을 강조했다. 우리 경험의 중심에 '몸'이 있고, 몸은 시간과 공간, 관계 속에서 경험하며 경험한 내용을 자신의 의미로 받아들인다는 것이다. 청소년의 자해 현상도 몸이 체험한 시간·공간·관계의 경험과 그 경험이 담고 있는 의미를 가지고 있었다. 그것을 '대상화된 몸', '기댈 데가 없는 나', '자해 중독', '몸으로 확인하는 마음의 상처', '나쁜 친구'의 다섯 가지 상위 주제로 묶어 정리해보았다.

상위 주제	하위 주제	의미 단위
대상화된 몸	아프지만 아프지 않음	• 그렇게 아프다는 느낌이 들지 않음
		• 내 몸을 잘 모르겠음
	몸에게 화를 냄	• 몸은 스트레스 푸는 대상이 됨
		• 벗고 싶은 몸, 싫음 그 자체
		• 자신이 싫어져서
	고삐 풀린 망아지처럼 날뛰다가 축 처짐	• 자해할 때 몸이 부들부들 떨림
		• 차갑게 긴장하는 몸
		• 자해하고 나면 축 처짐

상위 주제	하위 주제	의미 단위
기댈 데가 없는 나	그거 왜 하냐는 시선들	• 하지 말라고만 함
		• 진심으로 걱정하지 않음
		• "또 했냐"며 그러려니 함
	더 숨기게 됨	• 숨기고 안으로 들어가려는 마음
		• 들키지 않을 정도에서 자해를 멈춤
		• 가족한테 말하는 게 힘듦
	혼자서 하는 최선의 방법	• 다른 사람에게 기대고 싶지 않음
		• 참고 혼자 삭힘
		• 남한테 할 수 없으니 나에게
		• 다른 방법을 찾을 수 없음
자해 중독	처음엔 심하지 않았음	• 어떻게 하게 됐는지 기억나지 않음
		• 처음에는 심하지 않고 재미있었음
	점점 세게, 점점 많이	• 처음엔 가위로, 그리고 칼로
		• 하다 보면 계속 긋고 많이 하게 됨
		• 좀 더 세게 하는 걸 원하게 됨
	시도 때도 없이 찾는 자해	• 별생각 없이 그냥
		• 아무렇지 않게 된 습관
		• 덤덤해지는 자해
	강한 중독성	• 술·담배 같은 자해
		• 못하게 하면 미쳐버렸을 것 같음
		• 몰래라도 할 것 같은 자해

상위 주제	하위 주제	의미 단위
몸으로 확인하는 마음의 상처	엉켜 있는 마음들	• 표현하기 힘든 감정을 자해로 표현함
		• 생각이 복잡해졌을 때 자해를 함
		• 답답하고 화가 났을 때 자해를 함
	외롭고 가엾은 나	• 자해하는 내 모습이 가엾고 불쌍함
		• 힘들고 우울한 나
	자해를 멈추게 하는 순간	• 피가 뚝뚝 떨어지면 다시 눈을 뜨게 됨
		• 살이 너덜너덜해지면 자해를 멈춤
		• 큰일 나겠다 싶으면 자해를 멈춤
	몸에 새긴 바코드	• 뭔가 이유가 있었던 날
		• 어쩔 수 없는 부분들
		• 도마뱀 피부, 걱정되는 흉터
나쁜 친구	기댈 데가 필요함	• 든든하게 기댈 수 있는 게 필요함
		• 진정한 위로가 필요함
		• 말려주고 도와주는 사람이 필요함
	자해를 해도 결국 제자리	• 현실감이 없는 희열감
		• 자해한다고 상황이 변하지 않음
		• 감정 기복이 심해짐
	삶과 죽음 사이에 있는 나	• 늘 하는 자살 생각
		• 살아보겠다고 잡고 있는 낭떠러지
		• 삶과 죽음 사이에 있는 자해
	자해는 나쁜 친구	• 친구긴 친군데, 나쁜 친구
		• 멈출 마음이 없음
		• 참거나 다른 방법을 찾고 싶음

01

모두 다
꽃이야

대상화(Objectification)는 관계를 맺지 않는다는 뜻이다. 관계없는 대상과 관계를 맺은 대상을 대하는 우리의 태도는 다르다. 치킨을 좋아하고 맛있게 먹는 사람도, 어릴 때 병아리를 키워봤다면 그 작고 노란 털이 보슬보슬했던 병아리가 꽤 자랐어도 다른 닭처럼 먹기는 어려울 것이다. 내가 키운 병아리와 내가 모르는 닭은 다르다. 나와 관계를 맺지 않은 것은 이렇게 대상화되기 쉽다.

그런데 자해 청소년은 자신의 몸을 '대상화된 존재'로 바라보고 있었다. 시각의 차이는 있지만, 대부분 사람은 몸을 자신의 일부라고 생각하거나 몸을 전체적으로 나 자신이라고 여기는 경향이 있다. 그러니까 몸이 자신에게 속해 있다는 것이 보편적인 인식이라는 것이다. 그러나 자해 청소년은 몸을 마치 나와 다른 대상처럼 바라보고 있었다. 이것은 정서적 괴로움을 표현할 때와 차이점을 보인다. 몸을 이야기할 때는 듣고 있기에 고통스러운 자해 행동이나 과정을 대수롭지 않은 듯 덤덤히 하는 반면, 정서적 고통은 참여자의 아픔이 고스란히 느껴질 정도로 생생하고 풍부하게 전달하고 있으니 말이다. 그래서 자해는 내가 아닌 '대상'에게 마음의 괴로움을 푸는 과정으로 '몸에게 화를 냄'으로써 정서적인 괴로움을 해소하는 수단이 되고 있었다.

몸이 내가 아니라면, 몸은 무엇일까?

우리말에서 '몸'은 영어인 'Body'와 비슷하게 쓰이지만 정확하게 맞는 개념은 아니다. 우리말의 몸은 어원적으로 살펴보면 'Body'와 'Mind'가 통합된 의미로 보는 것이 더 적합하다고 할 수 있다(정강길, 2015). 『한국어 어원사전』을 편찬한 국어학자들에 따르면, 몸은 '사람을 이루는 전체'로서 시원적인 용어로 퉁구스어 mən(자기 자신)과 퉁구스어 방언 mam, mon(自身)에 상응하는 말로 보고 있다(조영언, 2004). 또 다른 입장으로 서정범(2003)은 몸의 어원을 '모으다'에서 '모옴'의 생략형인 '몸'으로 보았는데, 이것 역시 몸이 가지는 통합적인 속성을 나타내고 있다는 점에서 공통점이 있다.

따라서 몸은 개인에 대한 통합적이고 전체적인 개념임에도 불구하고, 자해하는 청소년은 견디기 어려운 심리적 고통을 피하기 위해 그것을 대신할 수 있는 대상이 필요했고, 가장 가까이에 있는 자신의 몸을 그 대상으로 선택하고 있었다. Hollander(2012)는 이것을 '고통 상쇄 이론'으로 설명하고 있다. '고통 상쇄 이론'은 몸의 고통을 관장하는 뇌의 부분이 정서적 고통도 관장한다는 것을 전제로 한다. 그러니까 뇌는 자해로 인해 신체에 손상을 입게 되면, 정서적인 고통에서 육체적인 고통으로 초점을 전환한다는 것이다. 이로써 일시적이기는 하나 청소년은 마음에 비해 고통이 덜해 보이는 몸을 고통스럽게 해 몸의 고통에 집중함으로써 심리적 어려움을 상쇄하고 마음을 위로하고 있는 것이다.

몸을 자신과 분리시켜 생각하는 대상화는 어떤 대상이나 사람의 고유한 주체성을 지워버리고 도구적 가치만을 보게 한다. 타자·객체·대상으로 대해, 그 존재를 '객체'의 지위로 격하시키는 것이다 (정인경, 2015). 그러면 대상화된 존재는 더는 나와 같은 동등한 위치에 있지 않으며 존중받을 자격이 없어진다고 할 수 있다.

대상화된 신체 의식(Objectified Body Consciousness)은 자신의 신체를 대상(Object)으로 바라보고 느끼는 심리적 경험을 뜻한다 (McKinley, 2006). 신체 의식은 2차 성징이 일어나고 급격한 신체 발달이 이뤄지는 청소년기에 특히 중요하다. 몸의 성장뿐 아니라 자신의 자아를 형성하고 내가 누구인지, 사회적으로 어떤 모습으로 보이는지 찾아가는 '자아 정체성'을 만들어가는 시기이다. 그러므로 내가 나를, 나의 몸을 어떻게 보는지 예민해질 수밖에 없다. 아이러니하게도 대상화는 인지 발달을 기반으로 나타나며 꽤 높은 수준의 발달을 요구한다. 자기중심적인 사고를 거쳐 구체적 조작기에 이르러, 특성에 따라 분류·비교하는 능력이 발달하고 그에 따라 대상들 간의 관계성을 이해하게 되는 단계에서야 비로소 가능하기 때문이다. 그래서 대상화는 내가 아닌 다른 사람과 현상에 대해 보다 상대적인 시각으로 세상을 이해할 수 있게 도와주는 측면도 있다. 이때가 대체로 청소년기인 것이다. 그러므로 청소년기가 되면 자신의 신체에 대해 재인식하게 되고 상호 평가가 이뤄진다고 할 수 있다.

우리는 태어난 아기가 세상을 만날 때 방긋하는 우연한 웃음을 사랑스럽게 바라보고, 아장아장 떼는 한걸음에 기특해하며 격려한다. 그때 아기는 세상을 믿을 만한 곳으로 여기고 사람을 신뢰하며 만족스러운 '자기(Self)'를 만들어간다. 이 과정이 청소년기에 다시 한번 이뤄지는데 아기와 다르게 청소년은 주변 사람들의 피드백을 통해 비교하고 평가할 정도로 자랐다는 점이다. 적절히 건강한 시선으로 그들이 가지는 개인의 특별함을 놓치지 않으며 바라봐야 하는 시기라는 것이다.

그러나 청소년기에 자기의 몸을 대상화하는 습관을 가지게 되면 타자화된 신체는 쉽게 공격과 혐오의 대상이 되고 만다. 공격하고 혐오한 대상이 사실은 자신의 몸이고 자신이라는 사실에 다시 상처를 입고 수치심·불안·우울 같은 심리적 어려움을 반복해 겪게 된다.

Nussbaum(2004)의 말대로 혐오는 본질적으로 자신 안에 있는 것을 인정하고 싶지 않은 마음에서 불편감을 쏟아낼 대상을 찾는 것으로부터 출발한다. 그것이 타자화된 자신의 몸이었고, 자해는 외부의 대상인 몸을 향해 도피와 공격을 반복하는 행위로 볼 수 있다.

분노와 혐오, 좌절의 감정을 반복하며 자신을 대상으로 공격이 이뤄지는 자해 행동. 그 대상이 자신의 몸이 되고, 몸은 더는 자신이 아닌 환경이나 대상의 일부로 인식되어버린다(Zuk, 1960). 이를 뒷받침하듯 몸을 대상화한 청소년은 자해로 인한 통증이나 몸의 감각에 대해서 잘 느끼지 못하는 것처럼 말했다. 자해 행동을 회상할 때도 통증을 호소하기보다 몸의 상태를 보이는 그대로, 마치 다른 대상을 보는 것처럼 이야기하고 있었다. 몸과 통증에 대한 무감각은 몸을 대상화하기 쉬운 상대로 만들었고 자신의 부정적인 정서와 불편감을 표출하는 데 좀 더 거리낌이 없어진 것 같았다. 참여자들은 '마음에 수도 없이 화를 내다가', 상대적으로 온전해 보이는 몸에 화를 풀기 시작했고, 점차 '고삐 풀린 망아지처럼 날뛰는' 자해 행동으로 이어졌다고 했다.

인터뷰하는 동안 자해할 때 몸에서 일어나는 일들을 구체적으로 살펴본다는 것은 쉬운 일이 아니었다. 이야기 속 현장에 달려가 말리고 싶을 만큼 고통스러운 경험이었고 참여자들에게 또 다른 자극을 주게 될까 염려되는 조심스러운 과정이었다. 인터뷰로 인해 참여자들에게 자해의 경험이 더 강화되거나 가라앉았던 욕구가 다시 올라올까 걱정했으며, 인터뷰 내용이 자극적으로 다가갈까 봐 신중할 수밖에 없었다. 특히 '대상화된 몸'과 '자해를 멈추게 하는 순간'은 숙고를 거듭하며 내용을 정선하는 과정을 거쳐야 했다. 그럼에도 불구하고 자해 경험에서 몸에 일어나는 일을 구체적으로 탐색하는 이유는 자해가 몸을 대상으로 하는 행위이며, 모순되게도 자해 행위를 하는 주체 역시 몸인 까닭이었다.

합리적 사고와 문제 해결 능력을 중요하게 생각하는 현대 사회에서는 청소년뿐 아니라 성인들 역시 몸에 대해 섬세하게 자각하는 것을 어려워한다. 그러나 자아를 생각(이성) 중심으로 보고, 몸을 기능적인 부분으로 간주하거나 대상화했을 때 개체는 통합적인 자아를 형성하기 어렵게 된다. 본래 몸과 마음을 균형 있게 가지고 있어야 하는 자아는 충분한 내적 기능을 발휘하는 데 지장을 초래할 수 있는 것이다. 그러므로 자해하는 청소년에게 몸을 감각적으로 인식하게 하고 소중한 자신으로 받아들이는 경험을 가지게 하는 것이 필요하다.

청소년은 '흔들리며 피는 꽃'이라고 했다. 어느 곳에 있든 어떤 모습이든 모두 다 꽃임을 알아주었으면 좋겠다. 흔들리고 있다 한들, 젖어 있다 한들 꽃이라는 사실에는 변함이 없다. 그래서 나름의 아름다움을 가지고 있는 소중한 생명인 것이다. 류형선의 「모두 다 꽃이야」노랫말처럼 생명이 가지는 건강함과 소중함은 모두 다 꽃처럼 아름답다.

산에 피어도 꽃이고 들에 피어도 꽃이고
길가에 피어도 꽃이고 모두 다 꽃이야
아무 데나 피어도 생긴 대로 피어도
이름 없이 피어도 모두 다 꽃이야
봄에 피어도 꽃이고 여름에 피어도 꽃이고
몰래 피어도 꽃이고 모두 다 꽃이야
아무 데나 피어도 생긴 대로 피어도
이름 없이 피어도 모두 다 꽃이야

산에 피어도 꽃이고 들에 피어도 꽃이고
길가에 피어도 꽃이고 모두 다 꽃이야
아무 데나 피어도 생긴 대로 피어도
이름 없이 피어도 모두 다 꽃이야
아무 데나 피어도 생긴 대로 피어도
이름 없이 피어도 모두 다 꽃이야
아무 데나 피어도 생긴 대로 피어도
이름 없이 피어도 모두 다 꽃이야

02

함께 맞는
비

자해하는 청소년에게서 '기댈 데가 없는' 고립감이 가슴 아프게 느껴졌다.

자해에 관한 많은 연구는 청소년의 자해에 영향을 끼치는 중요한 요인으로 보호자와의 원만하지 않은 관계와 또래의 괴롭힘을 들고 있다. 다 그렇지는 않겠으나 자해 청소년은 가정 내의 갈등과 분열을 경험한 경우가 많고, 애착 형성이 어려워 가정 내 충분한 지지를 받지 못하고 있었다. 죽고 싶어서 까만 비닐봉지를 뒤집어썼던 아이는 빈집에서 홀로 외로움 속에 잠겨 있거나 가족 간의 갈등으로 아파했다. 감자는 사랑하는 두 분이 싸우시면 자기 때문인 것 같아 더 괴로웠다고 한다. 게다가 그들은 학교와 또래 집단에서 신뢰로운 소속감을 갖지 못하고 친밀한 친구 관계를 맺기 어려워해 누구에게도 자신의 고통을 나누지 못하며 고립감을 느끼고 있었다.

인터뷰에 참여하고 싶어 했지만, 보호자의 반대로 함께하지 못한 아이가 있었다. 자해하고 있다며 자신도 인터뷰 받을 수 있냐고 문의를 해왔고, 전화 너머로 들리는 목소리가 애처로웠다. 인터뷰보다 만나서 손부터 잡아줘야 할 것 같았다. 친구 문제가 늘 어렵다고 했다. 자기는 그런 뜻이 아닌데 늘 잘못 전달되는 느낌이고 왜곡되어 자신에게 다시 화살이 되어 돌아오는 일이 반복되고 있다고 했다. 이제 무엇이 잘못된 것인지, 누구 탓인지 모르겠다며 혼란스러워했다. 충분히 이해받지 못하고 공격받을 것 같은 두려움, 자칫 한 발만 잘못 디디면 비난의 화살이 쏟아질 것 같은 아찔함에 아무것도 할 수 없어 자해한다는 것이다.

실제 인터뷰를 진행하면서 짚어봐야 할 점이 있었다. 인터뷰에 참여한 청소년의 보호자들은 아이의 인터뷰에 거부감이 없을 정도로 자해를 하고 있는 아이를 돕기 위해 적극적이었다. 아이의 자해 사실에 놀라고 당황하면서도 무엇을 어떻게 도와야 할지 생각하고 학교나 주변 기관에 알리며 방법을 찾는 모습을 보였다. 말하자면 가족이나 친구의 관심이 없는 게 아니라 그들의 접근 방법이 참여자들에게 오히려 압력으로 느껴지고 있다는 점이다. 자해가 건강한 방법이 아니고, 자신이 옳지 않은 행동을 하고 있다는 것을 본인들도 어렴풋이 알고 있었다. 그래서 주변의 관심과 접근이 부담스럽게 느껴지며 거부감이 들었던 것으로 보인다. 물론 이런 거부감은 눈에 보이는 표면적인 것으로 자해 초기에 두드러지게 나타나고, 도리어 가족의 지속적인 관심과 돌봄을 참여자들은 원하고 있었다. 인터뷰를 거듭할수록 가족과 주변의 관계가 자해를 중단하게 하는 핵심적인 지지 요소임을 분명하게 알 수 있었다.

그럼에도 불구하고 자해하는 청소년들은 고립감을 호소하고 있었으며, 그들이 느끼는 고립감은 청소년기의 발달과 밀접한 관계가 있다. 청소년기는 자아의식이 민감해지고, 청소년의 사회성 발달에는 가족과 또래, 학교에서의 소속감이 중요한 영향을 주고 있다. 불균형하고 급격한 성장으로 혼란스러운 자기상(Self)을 가지고 있는 청소년은 충분히 성숙하지 못한 인지 발달로 인해 부정적 정서에 대처할 수 있는 인지 전략을 익혀 나가는 데 어려움을 겪기 마련이다. 어떻게 해야 할지 잘은 모르겠고, 그에 따른 주변의 시선은 늘 신경이 쓰인다는 것이다. 한편으로는 확장된 자아는 이전과 다르게 보호자와의 관계를 재구성할 것을 요구한다. 하나하나 잔소리를 듣는 어린애가 아니라 커진 몸만큼 큰 사랑으로 대해주기를 바란다. 아이도, 어른도 아닌 상태로 말이다.

미숙한 인지 전략과 어중간한 성장 위치에서 겪는 가정과 학교에서의 관계 긴장은 자해 청소년의 적절한 자기표현 능력을 저하시키고 이로 인한 소통의 부재와 편향된 교류를 경험하는 경향으로 나타났다. 편식하는 것처럼 자신과 말이 통한다고 느끼는 사람과, 자신을 이해해주는 것 같은 사람과 교류하고자 하는 것이다. 그 밖의 사람들은 불편하고 답답하다고 느끼게 된다. 청소년은 부모에게 자신이 성장한 만큼 이전보다 높은 수준의 자율성을 요구하고 인격체로 존중받기 원하며, 사회적 집단에서는 이상적인 자아로 기능하는 모습을 기대한다. 이런 관계의 경직성과 불안정한 자아상으로 자해 청소년은 정서적 어려움을 겪으면서도 주변에 도움을 청하지 못한다. 혼자 자해를 반복하며 자해 후에는 그런 자신의 모습에 수치심과 죄책감을 느끼고 있었다.

그래서 자해를 들켰을 때, 가족이나 친구의 걱정과 염려가 비난과 혐오로 먼저 인식될 때가 많았던 것이다. 그래서 참여자들은 자신의 자해 사실을 더 숨기게 되었고, 함께 의지하며 다른 해결 방법을 찾지 못했다. 남에게 표현할 수 없는 부정적인 감정을 자신에게 표출하며 자해를 혼자서 하는 최선의 방법으로 생각하게 되었다.

자해를 일으키는 심리적 요인으로 많은 연구자는 분노, 우울, 불안, 충동성, 기분 변화 등을 들고 있다(권혁진, 2014; DiClemente, Ponton, & Hartley, 1991; Penn et al., 2003). 그중에서도 빠지지 않는 것이 분노이고, 분노는 충동성과 함께 자해를 유발하는 심각한 요인으로 보고 있다(안영신·송현주, 2017; Glaser, 1966; Mann et al., 1999). 그러나 인터뷰에서 참여자들을 만나보니 그들 역시 화나고 억울한 마음을 이야기하기는 했으나 연구에서 알려진 만큼 자주, 강하게 언급하지 않았다. 오히려 참여자들은 "혼자"라는 말을 자주 사용하고 있었다. 자해하는 곳은 주로 방에 혼자 있을 때, 화장실, 인적이 드문 놀이터 등으로 아무도 없이 혼자 있는 곳이었다.

냥이와 사과는 늘 같이해왔지만, 두 사람이 떠올린 가장 기억에 남는 자해는 모두 집에서 혼자 했던 자해였다. 참여자들은 아무에게도 기대고 싶지 않아 혼자 해결하는 방법으로 자해를 선택했다고 했으며 자해는 자신의 문제를 스스로 삭히고 해결하며 감당하는 것이라고 했다. 감자는 대부분의 자해 청소년이 도움을 청할 사람을 찾아보지도 않고 혼자라고 느끼고 있을 거라 했으며 참여자들이 만든 모래 상자 속에서도 다른 등장인물은 찾아보기 힘들었다.

Rosenberg(1965)는 청소년이 부정적인 자아 개념을 형성할 때 감정의 동요가 심하게 나타나고, 세상과 타인에 대한 왜곡된 신념 속에서 스스로의 가치를 발견하지 못한 채 혼자 고립되는 특징을 보인다고 했다. 이것은 안정적인 자아 개념을 발달시키는 경우를 생각해보면 더 잘 알 수 있다. 우리는 안정되고 원만한 정서를 보이며 주변의 영향에 휘둘리지 않고 자기중심을 잘 잡으면서 살아가길 바란다. 다른 사람과 협력할 줄 알면서도 리더십이 필요할 땐 발휘할 수 있었으면 한다. 또 기뻐하지만 산만하지 않고 조용하지만 우울하지 않은 마음 상태. 하고 싶은 것이 분명하지만 까다로워 보이지 않는 개성. 주변에 늘 친구가 있지만, 혼자도 잘 있는 그런 사람이 되고 싶고, 그런 사람을 마음이 건강한 사람이구나 하고 생각한다. 하지만 우리 대부분은 그렇지 않고, 청소년들은 더욱 그러하다. 흔히 주변 시선에 신경을 쓰고 영향을 받아 흔들리며 그들이 하는 평가가 나의 가치인 것으로 여겨질 때가 많다. 그러다 공허해진 나를 발견하곤 한다. 왜곡된 신념 속에서 부적절한 자기 가치를 두고 습관처럼 외로움을 느끼며 살아가는 것이다.

자해 집단에서는 다른 집단에 비해 사회적 고립, 정서적 결핍, 정서적 억제가 더 높은 수준으로 나타났으며(Leppänen et al., 2016; Pauwels et al., 2016) 또한 단절 및 거절 도식을 포함하는 개인 내적 동기가 자해와 유의미하게 상관관계를 보이고 있다고 했다(강남호, 2017). 자해 청소년들은 다른 사람들에게 거절의 사인을 받거나 단절되었다고 느꼈을 때 그것을 적절하게 표현하지 못하고 마음속에 꾹 눌러두고 있는 것이다. 이런 억제는 다른 사람과 관계 맺거나 자신의 정서를 자각하는 것을 어렵게 해 혼자라는 쓸쓸한 고립감 속으로 빠져들기 쉽게 만들었다.

이것은 자살 충동에 대한 이유가 고립감·소외감·외로움에서 기인한다는 사실과 연결해볼 때(서우순, 2013; 오은경, 2003), 청소년의 자해 행동에서 느끼는 고립감은 자살 사고와의 연속선상에서 지속적으로 주목해볼 필요가 있다. 자해가 죽고 사는 문제인가 하고 물으면 그럴지 모른다고 대답하고 싶다. 세상에 많은 일이 죽고 사는 문제와 관련이 있고, 다른 사람에게 사소한 것도 나에겐 그렇지 않은 경우도 자주 있다. 그러므로 자살 사고와 연속선상에 자해가 있다는 사실을 우리는 충분히 이해하고 위험 신호로 받아들이며 알고 있어야 한다고 생각한다.

주변에 나를 이해해주는 사람이 단 한 명도 없고, 이 세상에 혼자 있는 것 같은 기분이 들 때, 죽고 싶은 충동에 사로잡히게 된다. 불행한 일이 일어나고 난 뒤 주변 사람은 후회를 한다, 내가 그 한 사람이 되어주지 못한 것에. 그리고 원망하는 마음이 들기도 한다, 나를 찾아주지 않고 가버린 사람에게. 그러나 자살 시도자의 마지막 순간에 그가 혼자였다는 사실은 변함이 없다.

분노나 충동성보다 고립감이 두드러지게 나타나는 이유가 이 인터뷰 참여자들의 고유한 특성인지, 접근 방법의 차이에서 기인한 것인지 의문을 가지고 있어야겠다. 자해의 보편적인 이해를 위해 계속적인 탐색과 반성을 할 필요가 있으며 할 수 있다면 앞으로 더 많은 자해 청소년을 만나고 싶다. 그러나 분명한 건 참여자들에게서 보이는 분노의 마음 아래에는 더 근원적으로 혼자라는 고립감이 느껴진다는 것이다. 화를 내고 싶다기보다 오히려, 충분히 이해받지 못해서 느끼는 쓸쓸함과 자기표현을 적절히 하지 못하는 답답함이 보였다. 그로 인해 눈치 보고 주눅 들고, 다시 심리적 불편함을 느끼는 과정이 참여자들에게서 더 크게 나타났다.

이 글을 보며 자해에 어떻게 대처하면 좋을지 방법을 알고 싶은 분들도 계실 것이다. 그러나 자해를 금방 멈추게 할 좋은 방법, 효과적인 방법을 사실 잘 알지 못한다. 병원과 임상 현장에서도 아직까지 완치 가능하다고 자신 있게 말하지 못하고 있다. 그럼에도 불구하고 이런저런 말을 정리해서 엮은 이유는 자해가 우리 아이들을 위험하게 하고 있다는 것을 알리고 싶고, 위험한 아이들을 돕고 싶어서이다. 한목숨을 살린다는 것은 기술이 필요한 게 아니라 아주 많은 인내와 관심이 필요하다고 생각한다.

침묵하고 밀어내는 그들 옆에 얼마나 버티며 있을 수 있는가? 쉽게 가르치려 하고, 해결해주고 싶은 마음을 참을 수 있겠는가? 그들은 해답을 원하고 있지 않다. 진정으로 자신의 아픔을 이해하고 고통스러울 때 기댈 수 있는 사람이 필요한 것이다. 진정성만이 그들에게 닿을 수 있는 길이다.

살리고 싶은가?

그러면 그 아이 옆에 있어라. 그 아이의 아픔을 함께하며 말이다.

함께 맞는 비

신영복

돕는다는 것은

우산을 들어주는 것이 아니라

함께 비를 맞는 것입니다.

함께 비를 맞지 않는 위로는

따뜻하지 않습니다.

위로는

위로를 받는 사람으로 하여금

자신이 위로의 대상이라는 사실을

다시 한번 확인시켜 주기 때문입니다.

03

너에게
자비를

청소년은 자해를 반복하며 자해 중독 증상을 보이고 있었다.

'중독(Addiction)'은 생활 속에서 특정 물질이나 선호하는 행동에 과도하게 집착하는 상태를 일컬어 말한다(김유현, 2017). 중독 하면 먼저 떠오르는 것이 다양한 물질과 약물일 것이다. 그러나 물질이 아니라 특정 행동이 보상적 이득에 의해 반복될 경우 행위 중독으로 분류할 수 있다. 즉, 특정 행동을 했더니 기분이 좋고, 하지 않으면 심리적으로 불편함을 느끼는 경우다. 행위 중독에도 물질 중독과 마찬가지로 내성, 금단, 조절력 상실 같은 중독 현상이 동반된다고 한다(최삼욱, 2014).

자해도 행위 중독과 매우 비슷한 형태로 진행되고 있다. 행위 중독은 받아들이기 불편한 정서나 상황을 회피하고자 하는 동기로 특정한 행동을 통해 일시적인 만족을 느끼게 하고, 또다시 그러한 만족을 경험하기 위해 특정 행동을 반복하는 양상을 띠게 되기 때문이다. 도박이 대표적인 행위 중독 중 하나다. 우연한 기회로 또는 간단히 스트레스를 풀기 위해 도박을 접하게 되고, 한두 번 이겼을 때의 쾌감을 잊지 못해 더 큰 판으로 더 높은 배당으로 도박의 세계에 빠져든다. 이렇게 특정 행동을 반복하면서 쾌락에 대한 내성이 생기게 되고, 전과 같은 강도의 만족감을 얻기 위해서는 더 큰 강도의 자극을 지속해야 한다. 그리고 이것을 중단했을 때 물질 중독처럼 불쾌한 기분이나 고통스러운 상태를 금단 현상으로 경험하게 되는 것이다.

마찬가지로 자해도 호기심이나 모방 또는 우연한 기회로 접하게 되어 뜻밖의 만족감을 느끼고, 자신만의 방법으로 자해를 반복하고 있었다. 그러나 이전의 세기와 횟수로는 기대했던 효과를 얻지 못하고, 하다 보니 '점점 세게, 점점 많이' 자해를 하게 되는 것이다. 어느덧 자해는 자신에게 가장 익숙하고 편한 방법이 되어 이제는 자연스럽게 하게 되었다. 그리고 못 하게 되었을 경우를 떠올리면 '미쳐버렸을 거' 같은 극심한 고통이 밀려올 것 같다고 했다. 이렇게 행위 중독의 양상을 보이는 자해를 중단하게 되면 자해 청소년은 가중된 고통에 빠지게 된다. 지금 겪고 있는 정서적 불쾌함을 그대로 경험하면서 자해를 할 수 없다면 자신을 위로할 수 있는 다른 방법을 찾지 못할 것이라고 예상하는 고통이다. 참여자들은 고통에 더해 고통을 겪게 될 것을 두려워하고 있었다.

어른과 달리 초등학교 고학년 학생들은 알코올이나 니코틴, 마약 같은 물질 중독보다 게임, 소셜네트워크서비스, 인터넷, 스마트폰 중독 등과 같은 행위 중독에 노출되기 쉽다(김유현, 2017). 자해를 시작하는 시기도 12~14세로(이동귀 등, 2016; Klonsky & Muehlen kamp, 2007; Laye-Gindhu & Schonert-Reichl, 2005) 초등학교 5·6학년에 해당하는 시기며 행위 중독에 노출되는 것도 초등학교 고학년 때다. 처음에 사소한 기회로 단순하게 시작했다가 내성에 의해 점점 심각하고 위험한 행위로 이어지며, 행위 중독을 유발하는 행동 뒤에 수치심과 좌절감, 죄책감을 함께 느낀다는 점도 비슷해 보인다.

자해가 어떤 역할을 하고 있는지 연구한 자해 기능 모델에서도 자해의 중독성을 찾을 수 있다. Nock & Prinstein(2004)은 자해가 자동적 부적 강화 기능이 있다고 했다. 여기서 '자동적'이라는 말은 흔히 알고 있듯 개인의 의지가 아닌 무의식적으로 하게 되거나 인지적인 측면에서 의식하지 못한 채 이뤄지는 '자동성'을 뜻하는 게 아니다. 자해에서 '자동적'이란 주변에 감추며 혼자 시행하는 자해 경험이 외부적인 요인이 아닌 개인 내적 경험에 의해 '스스로에게' 강화되는 행동이라는 것을 의미한다. 부적 강화(不的 强

化, Negative reinforcemen)는 자신의 불편한 기분, 고통스러운 상태를 벗어나게 해 긍정적인 결과를 가져오는 상태이기도 하다. 그러므로 자동적 부적 강화는 무의식적으로 작용한다기보다는 의식 이전에 자신의 경험적 행위인 자해로 습관처럼, 부정적이거나 혐오감을 주는 생각과 정서를 제거하거나 완화하면서 스스로 심화되어 나타난다고 할 수 있다.

그러나 이런 자해의 강화 기능이 주는 긍정적인 기분은 지속적으로 나타나는 것이 아니라 일시적인 효과로 반복적인 행위를 동반하면서 중독의 특성을 갖게 된다. 또한 자해가 아편 같은 일종의 진통제 역할을 한다는 사실에서 중독 요소인 내성의 특성을 피하기 어렵다. 이로써 중독 현상과 유사하게 자해의 강도가 강해지는 과정을 거치게 되는 것이다.

김수진·김봉환(2015)의 연구에서도 청소년의 자해 행동에서 '강한 중독성'을 발견할 수 있다. 청소년의 자해 행동은 한번 시작하게 되면 계속 찾게 되는 일종의 마약 같은 중독성이 있다고 했다. 반복되는 자해로 내성이 생겨 신체적 고통이 감소하게 되면, 해결하기 어려운 심리적 문제로 괴로워하기보다 즉각적으로 고통을 해소하는 것이 자해라고 보고 있는 것이다. 그래서 청소년은 자신의 행동을 후회하면서도 반복한다고 연구 결과를 발표했다. 이 연구에서도 보는 바와 같이 자해의 중독성은 이제 학문적·의학적으로 심도 있게 다뤄야 할 때라고 생각한다.

DSM-4(American Psychiatric Association, 1995)에 충동 조절 장애로 분류되었던 도박이 개정된 DSM-5에서는 독립된 하나의 기준인 중독으로 인정되었다. 도박은 대표적인 행위 중독으로 물질에 의한 것뿐 아니라 행위에 의해서 중독이 일어날 수 있음을 정신의학적으로 보고한 것이다.

게다가 확산되고 있는 행위 중독 중 하나인 인터넷 중독이 드디어 DSM-5의 추가 연구 부분에 인터넷 게임 사용 장애(Internet Gaminag Disorder)라는 명칭으로 포함되었다. 이러한 결과는 인터넷 게임으로 인해 나타나는 현상을 탐색하고 규명하며 문제점을 꾸준히 제기한 연구와 그를 적용하고 발전시킨 임상 현장에 힘입은 바가 크다고 할 수 있다.

그러므로 자해 역시 중독의 성격을 보다 명확히 밝히고 체계적으로 입증해 정신의학적으로 분류 기준을 세우며 접근할 때, 보다 나은 치료 방법의 개발과 전문성 있는 개입을 확보할 수 있을 것이라 기대한다.

한편으로 진단하는 것(Labelling)이 자해 청소년들을 낙인 찍는 결과를 낳을 수 있으며 자신을 건강하지 못한 사람으로 여기는 편견을 가지게 한다는 염려를 할 수도 있다. 그럼에도 불구하고 자해가 행위 중독의 양상을 보이고 더 나아가 강한 중독성이 있음을 거

듭 주장하는 이유는 청소년의 자해에서 우리가 놓치고 있는 것을 짚어보기 위함이다. 즉, 중독성을 가진다는 것은 하루아침에 이뤄지는 것이 아니다. 막막함 속에서 어쩌다 접하게 된 방법이 그들을 위로하게 되었다. 우리가 그전에 또는 더는 진행되기 전에 외로움을 덜어주며 이야기를 꺼낼 자리라도 마련해주었으면 어땠을까?

자해는 하나의 신호일 뿐이며 자기표현에 서툰 청소년은 마음속에 정말 하고 싶었던 말이, 원하던 것이 있는데 그걸 전달할 수 없었는지 모른다. 해결해주지 못한다 할지라도 들어주고 격려해줄 수 있는 사람이 한 사람이라도 있었으면 좋겠다. 나아가 자해의 중독성에 휘말려 의존적인 청소년을 쉽게 분석하고 비난하고 있지 않은지 생각해봐야 한다.

흔히 '의지가 중요하다', '다른 방법을 찾아야 한다', '다들 힘들다'라고 한다. 고통을 타자화해 나는 아닌 듯이 말하기 쉬운 것이다. 솔직히 되돌려서 자신에게 질문한다면 무어라고 답할 수 있을까? 난 고통을 건강하게 해결하고 있는가? 나에게는 정서적 결핍이 없는가? 나는 중독에서 자유로운가?

어느 정도 괜찮게 살아왔다고 말할 수 있는 사람도 어느 시기, 어느 곳에서는 힘들었을 것이다. 게다가 지금 우리는 청소년의 이야기를 듣고 있다. 그들에게 강한 중독성은 헤어나기 어려운 늪 같은 것이다. 거기에 왜 빠져들었는지, 나오려고 힘을 더 내야지 왜 그러고 있는지 질책하기 전에 벗어날 힘을 주는 것이 필요하다. 벗어나려고 애쓰고 있는 모습을 격려하며 바라보았으면, 안타까운 마음에 한 마디하기 전에 안타까움을 안타까움 그대로 진정성 있게 그들에게 전달했으면 좋겠다.

'자비 명상'은 모든 고통 속에 있는 사람에게 고통에서 벗어나 행복해지기를 염원한다. 그들을 바라보는 우리의 시선이 자비롭기를 바라며, 그로 인해 긴 자해 중독과의 싸움에서 우리 아이들이 힘을 잃지 않기를 기원한다.

그대가 화냄에서 벗어나기를…

그대가 슬픔과 고통에서 벗어나기를…

그대가 건강하고 강해지기를…

그대가 행복해지기를, 진정으로 행복해지기를…

나는 이 자비를 우주에 존재하는 모든 생명체에게 보냅니다.

사람이든, 아니든, 보이는 것이든, 보이지 않는 것이든

우주에 존재하는 모든 생명체가 평화로워지기를… 진정으로 평화로워지기를…

우주에 존재하는 모든 생명체가 평화로워지기를… 진정으로 평화로워지기를…

우주에 존재하는 모든 생명체가 평화로워지기를… 진정으로 평화로워지기를…

붓다고사, '자비 명상', 『청정도론 2』에서

04

사는 동안
삶이다

인류가 만들어낸 가장 이상한 말 중 하나가 '정상'이라는 개념일지 모르겠다. 서로 다를 수 있는데 다른 점들이 이상한 게 되어버리곤 한다.

인터뷰에 참여한 청소년은 모두 각기 다른 성향과 행동 양식이 있었다. 성격이 조용한 아이, 직접적이고 거침없는 행동을 보이는 아이, 웃고 있으나 마음속에는 깊은 슬픔이 느껴지는 아이, 생각이 많고 자신에게 다소 냉소적인 아이, 감정적인 부분이 강한 아이도 있었다. 이상하고 특이한 게 아닌 서로 다른 부분이 있다는 것이다. '정상'이라는 개념이 허상에 가깝다는 전제하에 조심스럽게 참여자들의 정서 상태를 좀 더 넓은 스펙트럼으로 확장해본다면, 어쩌면 ADHD의 경향성이 엿보이거나 충동성으로 또는 조울이나 우울의 범주, 조현 증상의 초기 형태 어딘가에 그들의 심리적 어려움이 있지 않을까 하는 생각도 들었다. 보통 사람들도 힘들 때 주로 나타날 수 있는 정서적 어려움의 유형처럼 말이다.

5명이라는 그리 많지 않은 참여자를 만났음에도 이렇게 다양한 참여자의 이야기를 들을 수 있어 큰 도움이 되었다. 다름을 인정하며 보편성을 얻고 싶었는데, 자신의 취약점마저 솔직하게 드러내준 참여자들의 진솔함 덕분에 어느 정도 가능했던 것 같다. 남, 여, 각기 다른 학교군, 다른 성향에 기반한 보편성이 또 다른 사람의 자해를 이해하는 데 도움이 되기를 바랐기 때문이다.

참여자들의 이야기를 들으면서 자해가 일어나고 멈추는 과정을 좀 더 자세히 알고 싶어졌다. 이렇게 다른 참여자들은 자해 과정도 다를까? 어떤 공통된 모습이 있을까? 자해는 어떤 요인에 의해 유발되고 지속하게 하며, 중단 뒤에 나타나는 현상은 무엇인가 하는 의문이었다. 자해 행동도 일련의 과정이 있을 테고 과정에 대한 이해를 바탕으로 한다면, 멈추게 할 수 있는 위험 신호를 좀 더 빨리, 좀 더 분명하게 알아차릴 수 있지 않을까 하는 마음에서다. 참여자들의 삶을 존중하고 자해하는 마음을 이해하나 그들이 자해로 자신을 다치게 하는 모습이 안타깝고, 자신을 공격하는 에너지에서 자신을 빛나게 하는 에너지로 바꿀 수 있으면 좋겠다는 마음을 숨기기 어려웠다. 심한 자해 이야기에서는 달려가 손목을 잡아주고 싶었고, 자신을 부정적으로 평가하고 위축되어 있을 때는 그렇지 않다고 힘주어 말해주고 싶었다. 그들을 만나며 내내 들었던 생각이고 인터뷰를 위해 조절하느라 애를 먹었다. 그리고 자해 과정을 조절할 수 있는 힘을 그들 안에서 찾을 수 있을지 모른다는 기대를 점점 더 하게 되었다.

이 인터뷰에 의하면 청소년에게 자해는 '몸으로 확인하는 마음의 상처'였다.

가까이 다가갈수록 더 다르고 독특한 개성을 가진 참여자들이지만, 공통으로 풀지 못하고 엉켜 있는 생각과 힘든 마음을 안고 살아가는 모습을 볼 수 있었다. 이 표현하기 힘든 감정을 풀기 위해 청소년은 자해를 반복해왔고, 어느새 자해는 정서적 고통을 해소하고 생활로 복귀할 수 있게 하는 '일상을 연결해주는 끈' 같은 역할을 하고 있었다. 그렇게 시작된 자해는 점점 더 강한 자극을 추구하는 중독성을 띠게 되었으며 참여자들은 순간 조절력을 상실할 수 있겠다는 위험 신호를 느끼기 시작했다. 자신의 이야기를 차근차근 풀어놓으면서 이 위험 신호를 더욱 뚜렷하게 인식하는 것 같았다.

청소년의 자해 형태는 다양하며 횟수나 강도도 제각각으로 대단히 불규칙적이라는 것을 알 수 있다. 참여자들도 그때마다 다르다는 말로 표현했다. 그렇다면 자해의 지속적인 중단이 아니라 '한 번 시작된 자해를 멈추게 하는 것은 무엇인지' 한 걸음 더 들어가 찾아

보고 싶었다. 이것은 감정에 압도된 상태에서 자해가 이뤄질 때, 청소년에게 자신의 자해 행동을 자각하게 함으로써 위험을 막을 수 있는 신호로 작용할 수 있지 않을까 하는 바람에서였다.

인터뷰 결과 보편적으로 청소년에게 자해를 멈추게 하는 신호로 작용하고 있는 것은 신체의 손상 정도를 눈으로 확인하는 순간이었다. 신체의 손상이 통증으로 다가와 자해를 멈출 것이라는 예상과 달랐다. 자해하다가 아파서 더 못 하겠구나 하는 것이 아니었다. 그 순간 청소년은 자신의 감정과 생각에 휩싸여 신체의 고통을 미처 느끼지 못하고 있었으며 몸에 상처가 나고 피가 흐르는 모습을 눈으로 확인하고 나서야 자해를 멈추게 되었다고 했다. 자해로 인해 몸이 손상된 정도를 감각적으로 인식했을 때, 더 진행하면 '큰일이 날 거' 같은 위험 신호를 느끼고 있었다. 즉, 마음의 상처를 몸으로 확인하는 감각적 인식이 자해를 멈추게 하는 신호가 되고 있었던 것이다.

신체적 손상이 자해의 중단과 관계있음을 연구한 보고가 또 있다. 자해로 심각한 신체적 손상과 영구적인 흉터가 남았을 때 그것을 보며 자해가 건강하지 못한 방법임을 인식하게 되고, 그러한 인식이 자해를 중단하게 할 수 있다는 것이다(Buser et al., 2014; Deliberto & Nock, 2008).

그러나 이 연구 결과는 자해의 지속적인 중단을 이야기하는 것으로 한 번 시작된 그 순간의 자해가 어떻게 멈춰지는지 설명하지 못하고 있다. 또한 주변 사람은 심각한 신체 손상과 깊은 흉터가 건강을 훼손시키는 심각한 요소로 보고 있지만, 자해 청소년의 시각은 다르다. 그들에게 자해는 일상을 살아갈 수 있도록 마음을 안정시키는 역할을 하고 있었다. 신체 손상과 흉터는 들켜서 걱정을 듣거나 보기에 흉할 뿐 건강에 대한 걱정은 그다지 크게 하지 않는 듯해 보였다. 단지 감염에 대한 염려와 흉터가 지워지지 않을 수 있다는 생각을 자해한 후에야 한다고 했다.

김수진(2016)의 연구에 참가한 참여자의 이야기에 따르면, 자해로 피가 자신의 몸에 흐를 때 시각적·촉각적으로 다른 감각에 접촉하게 된다고 했다. 눈으로 피를 보고 피부로 느끼게 되면 엉켜 있는 감정에서 벗어나 지금 이 순간의 감각에 초점이 맞춰진다. 이렇게 감각이 살아나면 현재의 자기 자신에게 보다 집중하게 된다. 이 감각적인 순간, 자신이 살아 있음을 그리고 자신을 통제하고 있음을 느끼는 듯해 보였다.

그렇다면 참여자들은 통증을 느끼지 못해서 자해를 계속하는 것일까?

통증을 느끼는 정도는 개인의 심리적 상태, 주변의 환경이나 통증을 유발하는 자극들의 영향으로 개인마다 다양하게 나타날 수 있다. 그런데 자해하는 청소년의 경우 감각 추구 성향이 높게 나타난다고 한다(Klonsky & Muehlenkamp, 2007; Sutton, 2007). 감각 추구 성향이 높은 사람은 권태와 싫증을 느끼지 않기 위해 자극적이고 강렬한 자극을 선호한다. 이들은 새로운 자극을 경험하기 위해 기꺼이 모험을 하고 위험을 과소평가하는 경향을 보인다. 자해 청소년이 감각 추구 성향이 높다는 것은 감각을 느끼지 못한다기보다 강렬한 자극에 더 끌려 반응한다는 뜻이라고 할 수 있다.

바람과 인터뷰를 정리하며 만났던 날이 기억난다. 바람에게 인터뷰 결과를 이야기하고 고마움을 전했다. 주제를 정리하던 표를 보던 바람이 주저하며 말했다.

"저… 사실은… 자해할 때 아팠어요."

왜 아프지 않았겠는가? 자기 살을 긋고 피를 내는데…. 그럼에도 바람과 다른 참여자들은 생각보다 아프지 않다고 했었다. 자신이 겪고 있는 심리적인 고통이 피가 흐르고 살이 벌어지는 아픔보다 더 컸던 것뿐이었다. 그래서 아파도 자해를 멈출 수 없었던 것 같았다.

자해가 일어나는 생물학적 기제로 세로토닌(Serotonin)이라는 신경 조절 물질을 들기도 한다(林直樹, 2006). 세로토닌은 사람의 감정을 형성하는 세 가지 중요한 신경 조절 물질 중 하나로, 세로토닌 신경이 발달할수록 평상심을 유지하고 행복감을 지속시키기 수월하게 된다. 세로토닌이 자해와 관련이 있는 것은 이 물질이 충동성과 공격성을 조절하는 데 역할을 하기 때문이다. 자해 과정에서 나타나는 분노와 충동성은 세로토닌이 활성화되지 못한 상태일 수 있다는 것이다. 또한 일반적으로 세로토닌이 활성화되지 못한 사람은 안정된 기분을 유지하기 어렵다고 보는데, 자해에서 나타나는 현상 역시 감정의 기복이 심하게 나타나고 심리적으로 불안정함을 보였다.

세로토닌이 자해 유발과 관련된 물질이라면, 상처가 난 뒤 나오는 엔도르핀은 통증을 완화하고 진정시키는 작용을 해서 자해를 계속하게 만든다는 연구 결과도 여럿 있다(Buser, T. J. & Buser, J. K., 2013; Galley, 2003; Roth et al., 1996). 어떻게 보면 우리 행동은 이런 화학물질과 그에 영향을 받는 뇌에 좌우되는 것처럼 느껴진다. 어쨌든 이런 과학적 연구가 다수 알려지고 있으나, 자해로 인한 상처의 감각적 인식이 어떻게 자해를 멈추게 되는지 정확히 밝히는 신경심리학적인 연구는 찾아보기 어렵다. 현재까지는 다만 피를 흘리며 눈으로 상처를 확인하는 참여자들의 경험에 의해 보고되고 있다. 이런 사실을 바탕으로 임상 현장에서 시행되는 치료법이 있다.

예를 들면 Ong Say How(2003)는 자해하고 싶어 하는 청소년을 위해 원하는 부위를 빨간 펜으로 표시하고 그 위에 얼음을 올려놓게 하는 방법을 사용했다. 얼음의 찬 기운으로 따끔함을 느끼면서 얼음이 녹으며 펜의 빨간 잉크가 흘러 피처럼 보이게 한 것이다. 이렇게 함으로써 통각적·시각적 만족을 얻을 수 있었다.

한지혜(2018)는 자해에서 개인 내적 동기 수준이 높을수록 자기 조절 능력이 있으며 이로 인해 심각한 자해 행동을 억제할 수 있다고 보았다. 내적 동기는 나를 움직이는 내 안의 욕구 수준이며 내적 동기가 높다는 것은 자신을 움직이는 힘이 외부에서 주어지는 것이 아니라 자신에게서 나와야 동기 부여가 된다는 것을 뜻한다. 이런 내적 동기를 강하게 느낀다는 것은 자신의 상태를 자각하고 통찰하고자 하는 욕구가 크다는 것이다. 자기 조절 능력은 이 힘에 근거하고 있다.

자해할 때 남에게 보여주고 싶거나 관심과 도움을 요구하기 위해서라면 이것은 남과 관련된 외적 동기라고 볼 수 있고 고립감을 호소하고 외로움을 느끼고 있다는 것은 자신 안의 문제인 내적 동기라고 볼 수 있다. 즉, 외부의 관심이나 도움을 요구하기보다 자신 안의 고립감을 호소하는 내적 동기를 가진 청소년의 경우 자해를 조절할 수 있는 자신의 힘 또한 자신 안에서 찾을 수 있다는 것이다. 자해로 생긴 상처의 감각적 민감성으로 자신의 자해 행동을 돌아보게 되고 이것이 자기 조절 기제로 작용할 수 있기 때문이다. 그러므로 자신의 상처를 몸에 남기는 그 순간에 주목할 필요가 있다.

지금까지 이야기한 자해의 과정을 정리해보면 감각 추구 성향이 높은 경우, 세로토닌의 분비가 적절하지 않은 경우 자해를 하기 쉬우며 엔도르핀은 상처를 내어 부족한 충족감을 메꾸는 역할을 하고 있었다. 몸에 남아 있는 흉터와 높은 개인 내적 동기 수준이 자해를 조절하고 중단하는 데 도움을 주지만, 그날 시작된 자해는 상처와 피를 눈으로 확인하고 나서야 멈출 수 있었다.

청소년은 자해를 통해 쉽게 표현하지 못하는 정서적 고통을 괴로운 만큼 몸에 표출시키며 말로 하지 못하는 이야기를 '나는 이만큼 힘들었다'라며 몸에 남기고 있었다. 참여자들은 자해할 때 숨을 참고, 하고 싶은 만큼 긋거나 원하는 만큼 피가 나고 나서야 멈출 수 있었다고 했다. 이렇게 남긴 자해의 흔적은 부풀어 올랐다가 가라앉기를 반복하며 마치 '도마뱀 피부'처럼 쉽게 지워지지 않는 흉터로 남았으며 그것은 리더기를 대면 어느 날의, 어떤 이유로 했던 자해인지 알려줄 것 같은 '몸에 새긴 바코드'가 되어버렸다.

자해 청소년의 손목에 있는 '바코드'를 발견하게 되면 놀라고 당황해 자해를 제지하고자 하는 마음이 먼저 들 수 있다. 그럴 때 왜 했는지 걱정스러운 마음에 다그치기보다 남아 있는 상처만큼 고통스러웠을 청소년의 마음을 공감하고 어떤 이야기를 하고 싶었는지 표현할 수 있는 기회를 주었으면 한다. 어른답게 말이다.

친구가 나지막이 되풀이하는 말이 있었다.

"사는 동안 삶이다."

시를 생각하며 떠올린 말이라고 했다.

김진영 작가는 『아침의 피아노』라는 책에서 다음과 같은 시를 남겼다. 암에 걸려 다가오는 임종 앞에서도 섬망이 오기 전까지 메모를 남기며 쓴 시다.

살아 있는 동안은 삶이다.
내게는 이 삶에 성실할 책무가 있다.
그걸 자주 잊는다.

감각적 감수성은 때로는 삶을 버겁게 한다. 느끼지 않아도 좋을 것을 느끼고 충분히 느끼고 싶은 것은 내게 너무 멀리 있다고 여기기 때문이다. 이런 성향이 있다는 것은 힘든 일일 것이다. 그러나 이 특성은 인생을 살아가는 데 특별함이 될 수 있다. 세상을 감각적으로 느낀다는 것은 근본적으로 사는 것을 사는 것처럼 만들어주는 요소이기 때문이다. 감각적 인식이 살아 있을수록 우리는 죽어 있지 않은 생생한 삶과 만날 수 있다.

자해하는 청소년이 자신의 삶에 비치는 햇살이 얼마나 반짝반짝한지, 나뭇잎 소리가 얼마나 상쾌한지, 온몸으로 느끼고 만나갈 수 있도록 그들을 존중해주었으면 좋겠다. 그들의 삶이 그래도 잘 이어지고 있고 애쓰고 있다며 어깨를 두드려주면서 말이다. 사는 동안 삶일 테니….

05

내 안의
쿼렌시아

자해는 청소년에게 친구이기는 하지만, '나쁜 친구'였다.

아메리카 원주민인 인디언은 친구를 '나의 슬픔을 자기 등에 짊어지고 가는 자'라고 했다(양광모, 2013). 청소년은 자해에 대한 부정적인 생각과 관심을 끌려고 하는 행동이라는 선입견 때문에 자해 사실을 감추고 싶어 한다. 이것은 심리적으로 고립되게 하며, 반복적으로 겪고 있는 정서적 어려움을 나눌 사람 없이 혼자라는 사실에 외로워하고 있었다. 그들에게 친구는, 자해하는 사실을 계속 확인하고 제지하는 부담을 주지 않으면서 나의 슬픔을 같이 이해하며 느껴주길 바라는 사람이었다. 기댈 수 있는 친구가 필요했던 것이다. 그 친구는 억눌리고 수동적인 자신보다 훨씬 강하고 힘 있으면서도 순간적이나마 위안을 주는 존재인 자해가 되었다. 자신의 몸에 상처를 넘으로써 얻게 된 통제력 때문에 자해는. 청소년에게 나쁜 면이 있긴 하지만 비밀스럽고 멋진 친구로 받아들여지고 있었다.

청소년의 친구 관계에서 나쁜 친구에 대해 살펴보면, 나쁜 친구라고 할 수 있는 비행 친구를 사귀는 청소년은 친구 관계에서 신뢰감을 느끼지 못하며, 진실되지 않고 이기적인 특성을 가진 개인들 사이에서 소속감을 느끼기 어려워한다는 공통점이 있었다(손영민, 2016), 또 그들에게서는 자해를 유발하는 요인 중에서 환경 요인에 해당하는 보호자의 돌봄 부재와 가족 간의 갈등, 보호자에 대한 애착 부족 등이 유사하게 나타나고 있었다(Dishion et al., 1991; Warr, 1993). Sutherland(1947)에 의하면 이 비밀스럽고 나쁜 친구는 지속성, 강도, 빈도, 우선성 등의 차별 접촉(Differential association)에 의해 관계가 유지되며, 더 나아가 행위에 보상이 있을 경우 강화되는 형태를 취한다고 했다. 이는 자해가 긴장과 부정적 감정을 해소(보상성)하며 반복적으로 지속되고(지속성), 점점 강한 자극을 요구하며(강도·빈도), 자해 청소년에게 다른 방법보다 선호된다(우선성)는 점에서 나쁜 친구와 비슷한 점이 있다.

그러나 이 나쁜 친구는 자해 청소년의 삶을 점점 더 파괴적으로 만들어갔다. 자해가 가지고 있는 중독성에 의해 몸은 이전보다 더 큰 상처를 입게 되지만, 이전과 같은 만족감을 얻지는 못했다. 또한 불편했던 상황은 달라지는 것이 없었으며 주변 사람들의 걱정은 더 커져갔다. 자해하며 느끼는 만족감은 잠시 숨을 덜어내는 듯한 시원함을 주고, 바다에 둥둥 떠 있거나 하늘을 날고 있는 듯한 희열감을 느끼게 하지만, 이 희열감은 '현실감 없는 희열감'으로 다시 눈을 뜨고 주변을 둘러보면 자책감과 후회가 밀려왔다.

자해하면서 느끼는 몸의 고통은 잠시 현실에서 느끼는 고통을 분산시켜 위안을 주지만 자해 후 느끼는 불안한 현실감으로 심한 감정의 기복을 경험하고 있는 것이다. 우리의 몸을, 세상을 이해하고 살아내는 주체로 보는 Merleau-Ponty(1945, 조광제 옮김, 2018)는 다음과 같이 말했다.

"내가 살아 있는 몸을 이해할 수 있으려면, 내 자신이 살아 있는 몸을 수행하고 또 세계를 향해 자신을 일으키는 몸이 되어야 한다."

고통을 피하기 위해 현실감을 잃어버리고 허상 같은 희열감을 좇는다는 것은 주체적 존재로서 살아갈 힘을 약화시키는 것이다. 내 몸으로 경험하고, 경험한 것을 바탕으로 이해하며 그것으로 세상의 의미를 만들어가는 것이 필요하다는 뜻으로 여겨진다. 민동일(2007)은 낮아진 자아감과 현실적이지 못한 자기 지각은 심리적 어려움을 악화시키고, 감정의 기복을 경험하게 하며 점차 정신의 조화를 깨뜨려 심각한 위기 상황에 이르게 할 수 있다고 했다. 즉, 자신에 대한 적절하고 현실적인 이해가 뒷받침되지 않는다면, 자신을 혐오하고 부정하는 행동을 할 수 있다는 것이다. 특히 청소년이라는 시기가 자아상이 높고 이상적이라는 점을 가볍게 봐서는 안 된다.

그래서 자해가 비자살적이라는 것을 전제함에도 불구하고 자해 청소년은 자주 자살을 떠올리고 있으며 반복되는 자해 행동으로 통증과 죽음에 대한 공포가 둔감화되고 있다. 그런 점에서 심리적 고통 속에서도 삶을 살아보겠다는 의지로 잡고 있는 자해라는 '낭떠러지'가 위태롭게 느껴지기도 한다. Muehlenkamp & Kerr(2009)의 의견처럼 자살과 자해는 개념적으로 "분리되지만 동일한(Separate but equal)" 연속선상의 관계로 이어질 수 있으며, 자해 청소년은 삶과 죽음 사이 어딘가에 자신이 있다고 느끼고 있었다.

다른 사람은 나쁘게 보지만 나에게는 의지가 되고 같이 있어 좋지만, 한편으로는 점점 더 버거워지는 존재인 자해. 자신의 통제력을 잃게 할 수 있는 영향력을 가진다는 점에서 참여자들은 자해와 나쁜 친구가 닮은 점이 많다고 했다. 자해 역시 부정적인 인식으로 다른 사람들에게 감추며 비밀스럽게 이뤄지고, 나쁜 친구도 마찬가지로 사회적으로 수용되지 않는 문제 행동을 하는 경우 대부분 배타적인 집단성에 의해 지속된다는 점이다. 그래서 자해가 가지는 문제점을 개방적으로 접근해 논의하고 중단할 수 있는 다양한 방법을 찾는 데 어려움을 겪는 것이다.

참여자는 자해가 자기 몸을 대상으로 해서 다른 사람에게 간섭 받지 않고 피해를 주지 않는 효율적인 방법으로 생각하고 있다. 자해를 대체할 수 있는 적절한 방법을 찾을 수 없으니 적정선에서 조절하겠지만, 계속할 수밖에 없다고 말하기도 했다. 또한 멈추게 되었을 때 경험하게 될 심리적 고통을 겪어낼 자신이 없다며 호소하기도 했다. 이처럼 나쁜 친구인 자해와 헤어지는 것은 쉬운 일이 아니다. Warr(1993) 역시 비행 친구는 한번 사귀게 되면 단절하기 힘들다는 점에서 "Sticky friends"라고 표현했고 청소년기의 특성상 어떠한 환경 요소보다 친구에 대한 의존도가 높은 시기이므로 관계를 차단하기란 현실적으로 어려운 일이라고 할 수 있다.

그럼에도 불구하고 자해를 굳이 나쁜 친구와 연관 지어보고자 하는 것은 그 선택권이 자신에게 있음을 밝히고 싶기 때문이다. 비행 친구를 사귀게 되었어도 계속 교류하는 경우는 일부에 불과하며, 대부분 비행 경험과 비행 친구의 변화가 나타나고 있음에 주목할 필요가 있다(이은주, 2008). 끝까지 나쁜 친구에게 빠져 있는 경우는 많지 않다는 것이다. 그리고 이 변화를 긍정적인 방향으로 이끄는 데 높은 상관관계로 작용하는 것이 자기 통제력의 수준이라고 했다(손영민, 2016). 자기 조절 능력이나 자기 통제력은 우리가 더 나빠지지 않도록, 더 나아가 좀 더 나은 사람이 될 수 있도록 우리를 도와주고 있는 것이다.

나쁜 친구를 사귀는 것이 무엇이 문제이고 어떤 점이 좋은지 이야기를 나눈다면 청소년은 어떻게 반응할 것 같은가? 예상한 대로다. 개방적이고 신뢰로운 분위기에서 이뤄지지 않는다면, 그들은 답을 정해놓은 듯한 상대의 태도에 거부감을 보이며 입을 다물거나 빈약하더라도 끝까지 지지 않겠다는 자세로 반박할 것이다. 그러나 이 고비를 현명하게 넘어갈 수 있다면, 청소년은 자신의 속마음을 열어 보이며 누구보다 분명한 '자기 답'을 제시할 것이다. 다른 사람이 아닌 자기 일이기 때문에 더 많이 생각했고, 달라질 수 있다면 누구보다 간절하게 변화를 원하기 때문일 것이다.

자해도 마찬가지다. 자해를 멈추기 어렵다고 말한 참가자도 한편으로는 자해가 궁극적인 해결 방법이 아님을 알고 있었다. 가족의 걱정과 자신을 소중히 여기는 사람들을 신경 쓰며 마음에 두고 있었으며, 점점 심해지는 흉터 때문에 다른 방법을 시도해보기도 했다. 먹거나 자거나 다른 일에 몰두하면서 자해의 유혹을 견디려 했으며 간단하지만 어려운 방법인 '그냥 참는 거'도 해보았다. 비행 청소년의 재사회화 과정에도 이 같은 현상이 나타난다. 이들은 비행에서 벗어나고자 나쁜 친구의 전화를 일부러 받지 않으려고 한다든지, 처음부터 같이 있지 않으려고 노력하고 있었다. 만남을 의도적으로 회피해 나쁜 친구를 단절하려고 했던 것이다(손순용, 2008).

참여자들에게 자해가 친구지만 나쁜 친구라는 말을 들었을 때, 자해에 대한 이중적인 마음을 짐작할 수 있었다. 자해에 심리적으로 의존하고 있지만 언젠가 중단해야 함을 알고 있었던 것이다. 자해를 나쁘게만 보는 사람들의 시선이 싫어서 적극적으로 방어하던 참여자도 다른 방법을 찾아야 한다고 했으며, 자해가 아니면 삶을 놓아버릴 것 같은 절망감을 이야기한 참여자 역시 조절하고자 애쓰고 있다. 그러나 자해는 노력한다고 쉽게 조절할 수 있는 만만한 상대가 아니었다. 자해의 문제점과 위험성을 알고 있어 다시는 하지 않을 것 같다고 한 참여자는 얼마 전 또 자해했다고, 풀 죽은 목소리로 연락을 해왔다. 그리고 이제 성인이 된 참여자는 담배를 배우기 시작했고, 손목을 긋는 대신 담뱃불로 지지는 행동을 한다고 말했다.

인터뷰를 했고, 그 시간 동안 자해에 대해 돌아보았으며, 자신의 이야기를 했다고 속 시원히 해결되는 것은 아쉽게도 없었다. 그럼에도 불구하고 참여자들이 자해를 '나쁜 친구'라고 한 것은 상당히 중요한 의미를 가진다. 심리언어학자는 언어와 관련된 작용이 지각의 기초가 된다고 했다. 즉, 언어가 생각에 영향을 미치고, 언어가 가지는 의미적 표상은 인간의 머릿속에 인식되는 개념들의 구조를 반영한다는 것이다(Bijeljac & Breton, 1997).

자해를 '나쁜 친구'로 비유해 메타포(Metaphor)를 형성한다면 우리의 머릿속에 자해가 어떤 개념들로 만들어질 것 같은지 잠시 생각해보자. 매력적이고 재미있을 것 같지만 결과는 썩 좋을 것 같지 않다는 생각이 들었을 것이다. 그리고 나쁜 친구를 계속 만날 것인지, 아니면 이제 그만 만날 것인지 고민했을지 모른다. 친구이긴 하지만 나쁜 친구인 자해도 그러하다. 지금은 힘들고 외로워서 그 친구라도 만나고 있지만 어쩔 수 없는 것은 아니라는 것을 알고 있을 것이다. 참여자들은 자신이 경험한 자해 이야기를 하면서, 자신의 행동을 중단할 것인지, 지속할 것인지에 대한 선택권이 자신에 있으며 선택할 수 있는 힘 또한 그들 안에 있음을 느끼는 듯해 보였다.

처음엔 조심스럽게 자해 이야기를 했지만, 점차 목소리가 커지고 웃음이 많아졌다. 감추고 싶어 하던 자신의 이야기가 오히려 알려져 인터뷰에 도움이 되고 더 나아가 자해하는 다른 친구들에게 도움이 되었으면 좋겠다는 말도 했다. 그들은 좌절하고 있지만은 않았고 또래답게 발랄하고 개성이 넘쳤다. 그래서 충격으로 다가오던 자해 흉터가 다른 한편으로 그들이 보내는 도움 '신호'라는 것을 알게 되었다. 자신이 지금 어려움에 처해 있으며 신뢰롭고 기댈 수 있는 지지적 관계가 필요하다고 몸으로 말하고 있는 것이다. 그들은 자해로 자신의 삶을 파괴하려는 것이 아니라 서툴지만 삶을 살아내려고 노력하고 있었다.

투우장 안에는 퀘렌시아(Querencia)라는 곳이 있다고 한다. 이곳은 소가 경기 중에 잠시 쉬면서 숨을 고르는 장소다. 퀘렌시아는 관중의 잔인한 환호와 투우사의 날카로운 칼이 난무하는 투우장 어딘가에 있다. 경기에서 살아남기 위해 이곳 싸움터에서 상처를 회복하고 다시 싸울 힘을 모아 경기장으로 나간다. 자신을 도와줄 사람은 아무도 없다. 이 싸움에서 이기려면 스스로 일어나고 힘을 내야 하는 것이다.

내 마음속에 퀘렌시아를 가지고 있는가?

나쁜 친구에게 흔들리고 살아가는 것이 때로는 괴로울 때, 우리는 스스로를 위로할 필요가 있다. 좋아하는 것을 하고 믿을 만한 사람에게 기댈 수 있지만 늘 그럴 수 있는 것이 아니며 언제나 만족감을 얻는 것도 아니다. 내 안에 나를 위로할 공간, 내 안의 퀘렌시아를 찾아 그곳에서 쉬어야 한다. 그곳은 투우장의 퀘렌시아처럼 투우장 밖, 어느 조용한 곳에 있는 것이 아니다. 부대끼고 엉켜 있어 숨이 막힐 것 같은 마음 어느 구석엔가 나의 퀘렌시아가 기다리고 있을 것이다. 그곳에서 나쁜 친구가 아닌 나를 감싸주는 나와 만나는 것, 그럴 수 있기를 간절히 기원한다.

에필로그

그들이 진정으로
평화로워지기를 바라며

긴 글을 읽고 난 뒤 자해에 대해 어떻게 대처해야 하는지 잘 알게 되었다면 좋았을 텐데, 충분하지 못하다는 것을 알고 있다. 어쩌면 처음에는 '방법'을 찾고자 시작한 일이었으나 참여자들을 만나 나가면서 그것보다 우선되어야 할 것이 '태도'임을 알게 되었다. 그다음은 함께 고민하는 사람들의 집단지성이 도와줄 것이라고 믿고 있다.

친구와 자해를 함께했던 아이의 보호자가 "왜 그랬을까요?", "어떻게 하면 좋을까요?"라는 두 가지 질문을 하셨다. 그다음으로 숙였던 고개를 들어 힘을 준 눈빛으로 하신 말씀이 있다.

"선생님, 우리 아이 괜찮겠지요?"

앞선 두 가지 물음에는 아무 말도 할 수 없었다. 하지만 그 눈빛을 보며 마지막 질문에는 입을 열 수 있었다.

"괜찮을 겁니다. 어머니 아이인 걸요."

그분이 괜찮은 어른이고 좋은 보호자이기 때문이다.

이렇게 저렇게 하라고 하는 건 쉬워도 좋은 어른으로 곁에 있어주는 건 어렵다. 내 곁에 좋은 사람이 한 사람만이라도 있다면 좀 더 나은 삶을 살아갈 수 있을 것이다. 좋은 사람은 좋은 선택을 할 것이며 그걸 보고 배우며 새로운 좋은 사람이 생겨나기 때문이다.

삶이 고통스럽다는 것은 어찌 보면 보편적인 사실일 것이다. 부정하고 싶지만, 현상적으로 모두 겪어 알고 있다. 그 고통을 우리는 어떻게 받아들이고 해결하며 살고 있는지 잠시 돌아보자. 서툴고 부족하지만 애쓰며 노력하는 우리의 모습이 낯설지 않게 다가올 것이다. 그래서 Helen Keller(1903)는 "세상은 고통으로 가득하지만, 고통을 이겨내는 일로도 가득 차 있다(Although the world is full of suffering but the world is also full of overcoming of the sufferings.)"라고 했는지 모른다.

그렇다. 세상뿐 아니라 우리 마음속도 고통으로 가득할 때가 있지만 그 고통을 이겨내는 힘 또한 내 마음 안에 있기도 하다. 우리는 덜 고통스럽기 위해, 조금 더 행복하기 위해 늘 노력해오지 않았는가. 청소년의 자해도 다르지 않을 것이다.

친구가 벽에 기대어 앉아 혼잣말처럼 중얼거렸다.

"우리는 모두 괜찮지 않지만, 또한 괜찮다."

모두 다 꽃인 아이들이 자신이 꽃인 줄 모르고 꽃이 되고 싶어 괴로워하고 있다. 어찌해야 할 것인가? 꽃이 될 수 있는 방법을 가르쳐줄 것인가? 아니면 꽃이 얼마나 아름다운지 말해주어야 하는가? 내리는 빗속에서 우산을 가져다주거나 비 맞지 않을 방법을 이야기하는 것보다 함께 비를 맞으며 옆에 서 있는 것, 그건 어리석어 보일 수 있지만, 진정성을 전달할 수 있는 가장 실천적인 방법이기도 하다. 함께 맞는 빗속에서 너희가 이미 꽃임을, 특별한 꽃임을 이야기해주었으면 좋겠다.

멈추기 힘든 자해의 중독성에서 그들에게 삶으로 돌아올 힘을 주고, 나쁜 친구를 벗어나 꽃인 자신을 바라보게 할 수 있도록 이미 자신이 꽃임을 여러 번 말해주기를 바란다. 그 과정을 함께해주는 사람으로 우리는 좋은 어른, 좋은 보호자가 되었으면 좋겠다.

마지막으로 5명의 참여자의 안부가 궁금할 것이다. 이 친구들과는 지금까지 연락을 전하며 지내고 있다. 인터뷰하는 동안 5명 모두 자해를 중단했었다. 그러나 그중 4명은 다시 자해를 한다. 자해하지 않는 한 명의 친구도 가끔 위험한 행동이 충동적으로 나와 놀랄 때가 있다. 대학에 들어가게 되어도 여전히 무기력함과 우울함에 힘들어하고, 군대에 가서도 또 다른 자해 방법을 찾아 자해한다.

심각한 자해를 하던 아이는 요즘에도 위험하게 자해를 한다. 응급실에 가서 꿰매고 팔목 곳곳에 깊은 흉터가 남아 있다. 하지만 달라진 점도 있다.

> 늦은 시간에 연락드려서 죄송해요 ㅠㅠ … [중략] …
> 뭘 해도 답답해서 미칠 것 같아요… 자해는 해결책이 아닌 것 같아요.
> 요즘에 다시 깨달았어요.

밤 11시가 넘은 시각에 받은 메시지다. 예전 같으면 이런 괴로운 상황에서 아이는 혼자 방에 들어가 당연한 듯 자해를 했을 것이다. 하지만 지금은 이렇게 한 번 더 힘을 내려고 노력하고 있다. 대부분 참여자는 자해 앞에서 끊임없이 흔들리면서도 삶의 균형을 잡고자 애쓰는 모습이었다. 다른 참여자와 달리 상담의 경험이 없었던 한 참여자는 인터뷰에 그다지 큰 의미를 두지 않는 것 같았다. 그때는 자해를 중단한 지 1년 가까이 된 상태였기 때문에 인터뷰가 자신의 자해에 영향을 준 것은 거의 없다는 입장이었다. 그러나 환경이 달라지며 다시 자해를 시작하게 되었고, 이제는 "전역하면 상담해주실 수 있으세요?" 하고 묻기도 했다. 반가웠다. 그가 이제는 자해를 시니컬하게만 바라보는 게 아니라 삶의 문제로 해결하고자 한다는 메시지가 전해졌기 때문이다.

5명의 친구가 다시 자해를 안 할 것이라고 생각하지 않는다. 자해에 대해 조금 더 알게 되면서 중단한다는 것이 그들에게 얼마나 어려운 일인지 알고 있다. 그래서 그들이 걱정스러운가 묻는다면, 사실 그렇다. 많이 아플까 봐, 많이 힘들까 봐 그들을 떠올리면 늘 마음이 아프다. 그렇지만 "그들을 믿는가?"라는 질문을 다시 한다면 또한 "그렇다"고 대답할 수 있다. 그들 안에 얼마나 멋지고 소중한 그들이 있는지 이야기를 나누며 만날 수 있었다. 그래서 그들의 흔들리며 이어지는 성장을 믿고 있다. 다시 한번 '그들이 평화로워지기를… 진정으로 평화로워지기를…' 바라는 기도를 전한다.

참고문헌

강경미 (2010). 청소년 자해 행동의 치료 및 예방과 기독교상담학적 방안. 「성경과 신학」, 56, 93-123.

강남호 (2017). 「초기 부적응 도식과 비자살적 자해의 관계」. 충북대학교 일반대학원 석사학위논문.

권혁진 (2014). 「비자살적 자해에 영향을 미치는 정서적·인지적 요인의 탐색」. 서울대학교 대학원 석사학위논문.

김수진·김봉환 (2015). 청소년 내담자의 반복적 자해 행동의 의미탐색: '고통으로 고통을 견디기'. 「한국심리학회지: 상담 및 심리 치료」, 27(2), 231-250.

김수진 (2016). 「비자살적 자해의 시작과 중단에 대한 내러티브 탐구」. 숙명여자대학교 대학원 박사학위논문.

김유현 (2017). 「수치심 경험과 행위중독의 관계: 경험회피와 사회적 지지의 매개효과」. 서울교육대학교 교육전문대학원 석사학위논문.

김재익·오주환 (2014). 성, 연령, 교육수준, 직업에 따른 자해, 자살 손상의 특성.

「대한응급의학회지」, 25(2), 152-158.

김진영 (2018).『아침의 피아노』. 서울: 한겨레출판사.

김초롱·박연수·장혜인·이승환 (2017). 비자살적자해와 자살 간의 관계에서 습득된 자살잠재력의 역할: 자살에 대한 대인관계적 심리이론에 기반하여. 「Anxiety and Mood」, 13(2), 60-65.

김화정 (2017).「청소년의 비자살적 자해와 수치심경향성, 죄책감경향성의 관계」. 서울여자대학교 특수치료전문대학원 석사학위논문.

도종환 (2011).『사람의 마을에 꽃이 진다』(2판). 파주: 문학동네.

민동일 (2007).「청소년의 가정건강성, 학교생활건강성 및 자아탄력성이 정신건강에 미치는 영향」. 인하대학교 대학원 박사학위논문.

서우순 (2013).「대학생의 사회복지의식 및 자원봉사활동과 고의적 자해의 관계에 관한 연구」. 중앙대학교 행정대학원 석사학위논문.

서정범 (2003).『국어어원사전』. 서울: 보고사.

손순용 (2008).「비행청소년의 재사회화 과정에 관한 근거이론적 연구: 보호관찰을 받은 청소년을 대상으로」. 동신대학교 대학원 박사학위논문.

손영민 (2016).「비행친구가 청소년 비행에 미치는 영향: 자기 통제력의 조절효과를 중심으로」. 서울대학교 대학원 석사학위논문.

신영복 (2016).『처음처럼』. 파주: 돌베개.

안영신·송현주 (2017). 청소년의 비자살적 자해 행동에 관한 연구.「정서·행동장애연구」, 33(4), 257-281.

양광모 (2013).『만남의 지혜: 서른 사람들의 인간관계를 열어주는 31가지 비밀』. 서울: 중앙북스.

오은경 (2003).「'자살생각' 경험자의 심리 사회적 특성 연구: 사이버 자살위기 상담을 중심으로」. 가톨릭대학교 사회복지대학원 석사학위논문.

유혜령 (2013). 현상학적 질적 연구에 대한 오해와 이해: 연구 논리와 연구 기법 사이에서 길 찾기. 「현상해석학적 교육연구」, 10(1), 5-31.

유혜령 (2014). 현상학적 글쓰기: '형언할 수 없는 그 무엇'이 살아나는 공간 만들기. 「교육인류학연구」, 17(4), 1-34.

이동귀·함경애·배병훈 (2016). 청소년 자해 행동: 여중생의 자살적 자해와 비자살적 자해. 「한국심리학회지: 상담 및 심리치료」, 28(4), 1171-1192.

이은주 (2008). 청소년기의 비행친구 선택과 영향에 대한 종단연구: 지속효과와 최신효과. 「한국청소년연구」, 19(1), 243-267.

정강길 (2015). 통섭에서 몸섭으로-홀로니즘과 몸학의 몸섭에 대한 고찰. 「화이트헤드 연구」, 30, 35-73.

정옥분 (2008). 『청년발달의 이해』(개정판). 서울: 학지사.

정인경 (2015). 타자화를 넘어, 서로 다른 두 주체의 소통을 전망한다: 여성혐오를 혐오한다. 「아시아여성연구(The Journal of Asian Women)」, 54(2), 219-227.

정현종 (2015). 『섬』(4판). 서울: 열림원.

조광제 (2018). 『몸의 세계, 세계의 몸』. 서울: 이학사.

조영언 (2004). 『한국어 어원사전』. 부산: 다솜출판사.

진선주 (2019). 「자해 청소년의 특성과 관련 변인 연구」. 한양대학교 대학원 박사학위논문.

최삼욱 (2014). 「행위중독: 인간의 행동이 중독의 대상이 되다」. 서울: 눈출판그룹.

하태완 (2018). 『모든 순간이 너였다』. 고양: 위즈덤하우스.

한지혜 (2018). 「성인의 자해동기와 자해 행동 간의 관계: 자기조절 수준의 조절효과 검증」. 이화여자대학교 대학원 석사학위논문.

황인숙 (1998). 『나의 침울한, 소중한 이여』. 서울: 문학과지성사,

林直樹. (2006). 自傷行爲.「こころの 科学」, 127, 18-23. 日本評論社.

American Psychiatric Association. (1995). 『정신장애의 진단 및 통계 편람』 (4판). (이근후 옮김). 서울: 하나의학사. (원서출판 1995).

American Psychiatric Association. (2015). 『정신질환의 진단 및 통계 편람』 (5판). (권준수 옮김). 서울: 학지사. (원서출판 2013).

Bijeljac, R., & Breton, R. (2004). 『언어의 다양한 풍경』. (신광순 옮김). 서울: 시공사. (원서출판 1997).

Bresin, K., & Gordon, K. H. (2013). Endogenous opioids and nonsuicidal self-injury: A mechanism of affect regulation. *Neuroscience & Biobehavioral Reviews, 37(3),* 374-383.

Buddhaghosa. (2004). 『청정도론 2』. (대림 스님 옮김). 김해: 초기불전연구원. (원서출판 1991).

Buser, T. J., & Buser, J. K. (2013). Conceptualizing nonsuicidal self-injury as a process addiction: Review of research and implications for counselor training and practice. *Journal of Addictions & Offender Counseling, 34*(1), 16-29.

Buser, T. J., Pitchko, A., & Buser, J. K. (2014). Naturalistic recovery from nonsuicidal self-injury: A phenomenological inquiry. *Journal of Counseling & Development, 92*(4), 438-446.

Deliberto, T. L., & Nock, M. K. (2008). An exploratory study of correlates, onset, and offset of non-suicidal self-injury. *Archives of Suicide Research, 12*(3), 219-231.

DiClemente, R. J., Ponton, L. E., & Hartley, D. (1991). Prevalence and correlates of cutting behavior: Risk for HIV transmission. *Journal of the*

American Academy of Child & Adolescent Psychiatry, 30(5), 735-739.

Dishion, T. J., Patterson, G. R., Stoolmiller, M., & Skinner, M. L. (1991). Family, school, and behavioral antecedents to early adolescent involvement with antisocial peers. *Developmental Psychology, 27*(1), 172-180.

D'Onofrio, A. A. (2007). *Adolescent Self-Injury.* NY: Springer Publishing Company.

Dukes, S. (1984). Phenomenological methodology in the human sciences. *Journal of religion and health, 23*(3), 197-203.

Favazza, A. R. (1996). *Bodies under Siege: Self-mutilation and body modification in culture and psychiatry. (2nd ed.).* London: Johns Hopkins University.

Ferrara, M., Terrinoni, A., & Williams, R. (2012). Non-suicidal self-injury (Nssi) in adolescent inpatients: assessing personality features and attitude toward death. *Child and Adolescent Psychiatry and Mental Health, 6*(1), 12.

Froeschle, J. & Moyer, M. (2004). Just cut it out: Legal and ethical challenges incounseling students who self-mutilate. *Professional School Counseling, 7*(4), 231-235.

Galley, M. (2003). Student self-harm: Silent school crisis. *Education Week, 23*(14), 1, 14-15.

Glaser, R. (1966). Psychological bases for instructional design. *AV communication review, 14*(4), 433-449.

Gollust, S. E., Eisenberg, D., & Golberstein, E. (2008). Prevalence and correlates of self-injury among university students. *Journal of American College Health, 56*(5), 491-498.

Hawton, K., Rodham, K., Evans, E., & Weatherall, R. (2002). Deliberate self harm in adolescents : Self report survey in schools in England. *British Medical Journal, 325*(7374), 1207-1211.

Hawton, K., Zahl, D., & Weatherall, R. (2003). Suicide following deliberate self-harm: long-term follow-up of patients who presented to a general hospital. *The British Journal of Psychiatry, 182*(6), 537-542.

Helen Keller. (2018). *The Story of My Life.* CA: Create Space Indepen dent Publishing Platform. (원서출판 1903)

Hollander, M. (2017). 『자해 청소년을 돕는 방법』. (안병은·서청희·백민정·문현호 옮김). 홍성군: 그물코. (원서출판 2012).

Kahan, J., & Pattison, E. M. (1984). Proposal for a distinctive diagnosis: The deliberate self-harm syndrome (DSH). *Suicide and Life-Threatening Behavior, 14*(1), 17-35.

Klonsky, E. D., & Muehlenkamp, J. J. (2007). Self-injury: A research review for the practitioner. *Journal of Clinical Psychology, 63*(11), 1045-1056.

Laye-Gindhu, A., & Schonert-Reichl, K. A. (2005). Nonsuicidal self-harm among community adoescents: Understanding the "whats" and "whys" of self-harm. *Journal of Youth and Adolescence, 34*(5), 447-457.

Leppänen, V., Vuorenmaa, E., Lindeman, S., Tuulari, J., & Hakko, H. (2016). Association of parasuicidal behaviour to early maladaptive schemas and schema modes in patients with BPD: The Oulu BPD study. *Personality and Mental Health, 10*(1), 58-71.

Maisto, C. R., Baumeister, A. A., & Maisto, A. A. (1978). An analysis of variables related to self-injurious behaviour among institutionalised retarded persons. *Journal of Mental Deficiency Research, 22*(1), 27-36.

Mann, J. J., Waternaux, C., Haas, G. L., & Malone, K. M. (1999). Toward a clinical model of suicidal behavior in psychiatric patients. *American Journal of Psychiatry, 156*(2), 181-189.

Matsumoto, T., & Imamura, F. (2008). Self-injury in Japanese junior and senior high-school students: Prevalence and association with substance use. *Psychiatry and Clinical Neurosciences, 62*(1), 1323-1316.

McKinley, N. M. (2006). The developmental and cultural contexts of objectified body consciousness: a longitudinal analysis of two cohorts of women. *Developmental Psychology, 42*(4), 679-687.

Merleau-Ponty, M. (2002). 『지각의 현상학』. (류의근 옮김). 서울: 문학과지성사. (원서출판 1962).

Muehlenkamp, J. J., & Kerr, P. L. (2009). Untangling a complex web: How non-suicidal self injury and suicide attempts differ. *Prevention Research,* 17, 8-10.

Nock, M. K., & Kessler, R. C. (2006). Prevalence of and risk factors for suicide attempts versus suicide gestures: Analysis of the National Comorbidity Survey. *Journal of Abnormal Psychology, 115*(3), 616-623.

Nock, M. K., & Prinstein, M. J. (2004). A functional approach to the assessment of self-mutilative behavior. *Journal of Consulting and Clinical Psychology, 72*(5), 885-890.

Nussbaum, M. (2015). 『혐오와 수치심: 인간다움을 파괴하는 감정들』. (조계원 옮김). 서울: 민음사. (원서출판 2004).

Ong Say How. (2009). 『자해하는 아이들』. (문희경 옮김). 서울: 즐거운상상. (원서출판 2003).

Pauwels, E., Dierckx, E., Schoevaerts, K., & Claes, L. (2016). Early maladaptive schemas in eating disordered patients with or without non-suicidal self-injury. *European Eating Disorders Review, 24*(5), 399-405.

Penn, J. V., Esposito, C. L., Schaeffer, L. E., Fritz, G. k., & Spirito, A. (2003). Suicide attempts and self-mutilative behavior in a juvenile correctional facility. *American Academy of Child and Adolescent Psychiatry, 42*(7), 762-769.

Piaget, J. (1978). Development of thought: Equilibration of cognitive structures. *Educational Researcher, 7,* 18-19.

Polk, E., & Liss, M. (2009). Exploring the motivations behind self-injury. *Counselling Psychology Quarterly, 22*(2), 233-241.

Rosenberg, M.(1965). *Society and adolescent self-image.* NJ: Princeton University Press.

Ross, S., & Heath, N. (2002). A Study of the frequency of self-mutilation in a community sample of adolescents. *Journal of Youth and Adolescence, 31,* 67-77.

Ross, S., & Heath, N. (2003). Two models of adolescent self-mutilation. *Suicide and Life-Threatening Behavior, 33*(3), 277-287.

Roth, A. S., Ostroff, R. B., & Hoffman, R. E. (1996). Naltrexone as a treatment for repetitive self-injurious behavior: An open-label trial. *Journal of Clinical Psychiatry, 57*(6), 233-237.

Somerville, L. H., Jones, R. M., & Casey, B. J. (2010). A time of change: behavioral and neural correlates of adolescent sensitivity to appetitive and aversive environmental cues. *Brain and cognition, 72*(1), 124-133.

Spandler, H. (1996). *Who's hurting who? Young people, self-harm and suicide.* Manchester: 42nd Street.

Sutherland, E. (1947). *Criminology.* Philadelphia: Lippincott.

Sutton, J. (2007). *Healing the hurt within: Understand self-injury and self-harm, and heal the emotional wounds (3rd ed.).* Oxford: How To Books.

Walsh, B. W. (2008). *Treating self-injury: A practical guide.* NY: Guilford Press.

Wan, Y. H., Hu, C. L., Hao, J. H., Sun, Y., & Tao, F. B. (2011). Deliberate self-harm behaviors in Chiness adolescents and young adults. *European Child & Adolescent Psychiatry, 20*(10), 517-525.

Warr, M. (1993). Age, peers, and delinquency. *Criminology, 31*(1), 17-40.

Zila, L. M., & Kiselica, M. S. (2001). Understanding and counseling self-mutilation in female adolescents and young adults. *Journal of Counseling & Development, 79*(1), 46-52.

Zuk, G. H. (1960). Psychodynamic implications of self-injury in defective children and adults. *Journal of Clinical Psychology, 16*(1), 58-60

외로운 아이들

1판 1쇄 인쇄 2020년 11월 23일
1판 1쇄 발행 2020년 11월 30일

지은이 백선혜

펴낸이 최준석
펴낸곳 푸른나무출판 주식회사
주소 경기도 고양시 일산동구 정발산로 24. 웨스턴돔1 5층. T1-510호
전화 031-927-9279 팩스 02-2179-8103
출판신고번호 제2019-000061호 신고일자 2004년 4월 21일

ISBN 978-89-92008-85-3 03370